藍學堂

學習・奇趣・輕鬆讀

收穫心態

跳脫滿分思維，當下的成功和幸福，由你決定

THE GAP AND THE GAIN

The High Achievers' Guide to Happiness, Confidence, and Success

Dan Sullivan
丹・蘇利文
Dr. Benjamin Hardy
班傑明・哈迪 博士——合著

吳宜蓁——譯

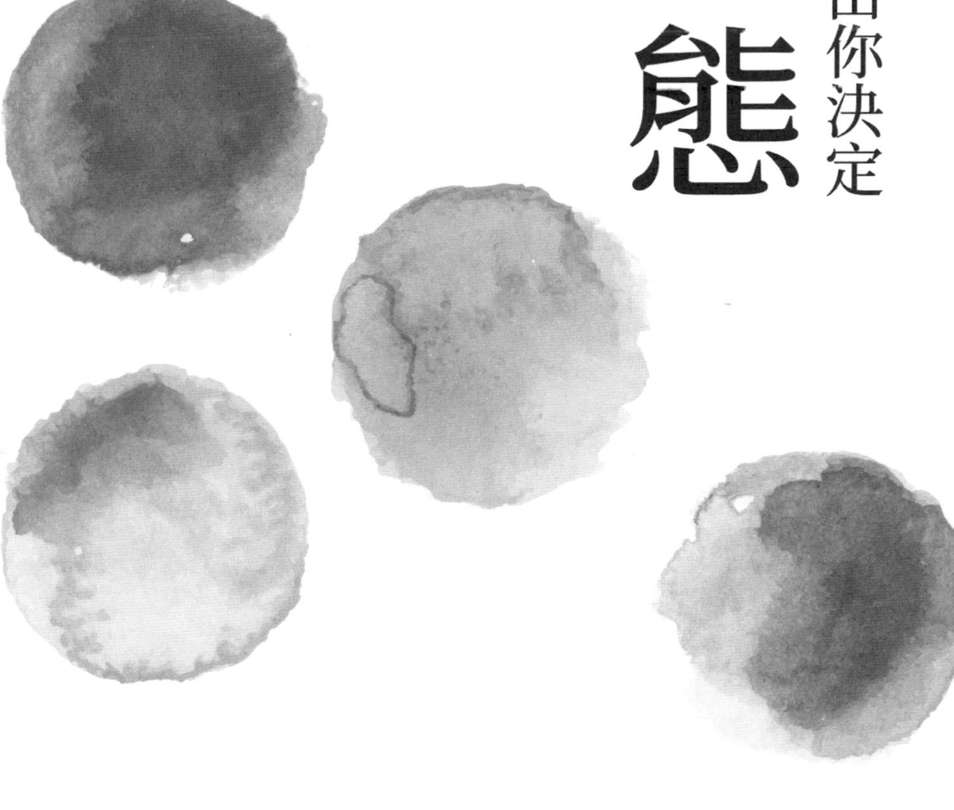

目錄

PART 1

別在意現在的你與理想差距有多遠

幸福應該是起點，而非終點

李河泉
台積電「跨世代領導」課程指定講師
商周CEO學院課程王牌引導教練

習慣接受的思維，未必是正確的思維

從小如果沒有一百分，在父母「追求滿分」的思維下，很可能面臨「差幾分，打幾下」的威權處罰。進入企業如果訂定業績，主管也會要求我們每個月按照百分比差距，說明未達成原因。

多年以來，我們認為「要求完美」沒有什麼不對，針對目標不斷努力，找出差距加快腳步，假以時日就能成功。沒想到習以為常的觀念，竟然被這本書打臉，書中把這個觀念稱為「落差心態」，並且提到這是大多數卓越人士，心中「不快樂的主要根源」。

跳出「落差心態」，擁抱「收穫心態」

大多數的人都會追求理想或成功，為什麼這樣的過程中會不快樂？

作者說明許多優秀的人容易擁有「落差心態」，因為他們不斷在意「和成功之間的落差」。在看待自己「一直不夠好」的過程中，很容易鞭策和否定自己，久而久之掉入負面深淵，鑽進牛角尖和死胡同內。

相反地，要學會運用「收穫心態」，就是別只看自己還不夠的，要專注看自己每天擁有的，也就是「不要每天計較我還差多遠？」，把重心放在「我每天不斷進步的各種收穫。」

人們希望「好還要更好」，卻不曾愛惜自己

自古以來，「望子成龍、望女成鳳」，「十年寒窗無人問、一舉成名天下知」的觀念深植人心，都在教化每個人只要想成功，必須千錘百鍊，不能鬆懈。

這個觀念大家都懂，然而真正的成功者仍然鳳毛麟角，優秀的人這麼多，為什麼達成理想的人卻只有少數？

原因是，人們總是不斷鞭策自己，卻很少愛惜自己，也讓自己越發脆弱無助。人們習慣不斷要求自己，卻很少找機會肯定自己，也讓自己越來越不快樂。

如果可以從「愛惜自己」和「肯定自己」出發，會不會擁有更健全的富足心態。如果能夠「不談差距，只談收穫」，是不是更能夠應付接下來的所有挑戰？

書中給了肯定的答案。

幸福應該是起點，而非終點

所有的童話告訴我們：「從此，公主和王子，就過著幸福快樂的日子……」為什麼要經歷各種苦難，才能享受真正的幸福？書中告訴你，可以現在開始就感到幸福。

簡單整理書中的概念，就是：

不是為了追求真正的快樂，
才能得到最終的幸福。
而是每天都找出一點點幸福，
那就能真正的快樂。

不妨看看這本書，讓今天，成為幸福的開始

推薦序

衡量「與一開始的進步」而不是「與目標的差距」

薑餅資
知識型YouTuber

我在剛開始經營YouTube頻道的時候，常常想著，如果達到十萬訂閱，我應該會很開心吧？

當我真的達到十萬訂閱的那天，雖然當下覺得很高興，但這快樂的感覺卻只持續了幾天，因為我很快地又開始追求下一個目標：一百萬訂閱。

我這才意識到自己陷入落差心態（Gap-mindset）。

丹蘇利文分享，很多人過得不快樂，是因為他們在實現目標的過程中，總是抱持著落差心態：認為只要達成理想目標，就會感到快樂。所以他們總是在衡量自己與理想之間的差距。只要這個差距存在，他們永遠也不會覺得滿足；即使達成這些目標，他們也不會感到快樂，因為他們的眼裡只看到自己的不足，而不是進步。

於是很快地，他們又會開始比較自己和下一個目標之間的差距，接著感到「還有好多事情還沒有做到」或是「還沒達到自己理想的狀態」，陷入負面情緒以及不斷追求外在目標的惡性循環。

相反地，如果能夠抱持收穫心態（Gain-mindset），便會發現快樂一直存在。

在看完這本書之後，我開始回想經營YouTube的這一年來，自己成長了多少。

我從一開始不知道怎麼規畫影片內容、害怕面對鏡頭、不會剪影片，到現在能輕鬆地面對鏡頭、創造很多有價值的影片，並且擁有一群喜愛自己的粉絲。

當我觀察到自己的進步與成長，內心就不自覺得充滿快樂和滿足的感覺。這樣的滿足比起諸如訂閱人數和觀看次數這樣的外在因素更激勵人心且持久。

所以，如果你常常覺得自己不快樂，或許是潛意識裡太在意未來理想的目標，而不小心陷入比較的落差心態。這時不防試著問自己：你比一開始多擁有了什麼？轉換成收穫心態後，心情會輕鬆快樂很多。

自從達到十萬訂閱之後，這樣的轉念過程讓我深刻體會到，衡量「與一開始的進步」，而不是「與目標的差距」，才是更為持久的動力，讓我繼續享受做一件事情的過程。

各界讚譽

「成就的背後是科學，但成就感的背後是藝術，沒有成就感的成就，最終還是失敗。本書的概念強而有力，讀者能夠在自身的成就之旅中獲得成就感。成就感的能量正是身心靈的良藥。」

——齊安・伍（Kien Vuu），生理狀態與長壽博士，暢銷書《最佳狀態》（*Thrive State*）作者，加州大學洛杉磯分校醫學助理教授

「幾年前，我第一次從丹那裡聽到落差心態這個概念時，我意識到不僅自己活在其中，還把整個團隊都拖下水！反觀收穫心態振奮人心又強大，讓我懂得珍惜自己所處的位置，進一步創造出自己真正想要的成長。」

——JJ・維金（JJ Virgin），《紐約時報》暢銷書作者，Inc. 5000企業創辦人

「如果在盲目追求自以為的成功之前，我就讀過這本書，肯定能赦免我十年來的痛苦。丹和班，謝謝你們說出了沒人願意承認的真相——目標本身並不能讓我們快樂。書中內容非常適合那些不只想要功成名就，更想好好生活的人。」

——傑夫・高因斯（Jeff Goins），暢銷書《工作的藝術》（*The Art of Work*）作者

「如果你正在生活中的某個領域苦苦掙扎，你必須知道，真正的成功是擁有收穫心態，並遠離落差心態。以我為例，我克服了許多難關——從差點死於嚴重車禍、差點死於癌症再到克服嚴重的憂鬱症，憑藉著活在收穫心態中並遠離落差心態，我做到了。即使在最黑暗的時刻，讀讀這本書，它會告訴你如何克服生活丟給你的任何難題，並在此時、此地找到幸福。」

——哈爾・埃爾羅德（Hal Elrod），《奇蹟早晨》（*The Miracle Morning*）系列與《奇蹟公式》（*The Miracle Equation*）作者

「我花了大半輩子研究，如何把事情做到世界頂級標準。這本書則是告訴你，如何在把事情做到最好的同時，自己也樂在其中，而不像大多數人那樣搞得自己痛苦不堪。」

——博・伊森（Bo Eason），前美式足球安全衛，《你的A級遊戲沒有B計畫》（*There's No Plan B for Your A-Game*）作者

「本書是丹・蘇利文另一本不可錯過的好書和重要概念。我的公司每天都受益於他的智慧，本書就是一塊瑰寶。」

——克里斯・佛斯（Chris Voss），《FBI談判協商術》（*Never Split the Difference*）作者

「這本書將挑戰你自認為知道關於成就的一切。班和丹會告訴你如何走出落差心態，進入收穫心態，讓你和你的團隊不只能成功，還會很快樂。準備好大吃一驚吧！」

——阿琳卡・路特科夫斯卡（Alinka Rutkowska），《今日美國》（*USA Today*）與《華爾街日報》（*Wall Street Journal*）暢銷書作者，領導人媒體（LeadersPress）執行長

「我才讀了二分鐘，就意識到這本書將改變我的人生。清晰的文字和值得一再咀嚼的想法會加快你的閱讀速度——不想放下，想要一口氣讀完。閱讀本書如同上了一門大師課程，能夠立即將新想法融入工作和生活，而且變得更好。」

——沙恩・史諾（Shane Snow），《夢幻團隊》（*Dream Teams*）作者

「班傑明・哈迪博士的著作充滿正能量、論點獨特且非常實用；丹・蘇利文的教導實質上提升了我的生活和事業。他們的新書對所有想同時獲得更多快樂和達到最高績效的領導者和傑出人士而言，是必讀之作。」

——麥可・海亞特（Michael Hyatt），《紐約時報》暢銷書作者

「本書的概念讓我在創建公司和人生的旅途中更加快樂，周圍的人也因此受益。」

——卡麥隆・赫爾羅德（Cameron Herold），營運長同盟（COO Alliance）創辦人，《二把手》（*Second in Command*）Podcast主持人，《生動願景》（*Vivid Vision*）作者

「沒有人比丹・蘇利文更了解創業者，他是世界上最成功的創業者教練。他和班傑明・哈迪為那些失望、受挫或擔心自己無法達標的創業者寫書。其中最令人振奮的是，《收穫心態》為他們的焦慮提供了立竿見影的解決方案。」

——理查・維格里（Richard A. Viguerie），美國目標廣告公司（American Target Advertising, Inc.）董事長

「落差心態和收穫心態是所有創業者必須了解的概念。對於人生和事業有遠見的領導人，只要閱讀本書並確實實踐這些概念，變革即刻發生。」

——賈斯汀・布林（Justin Breen），策略教練，BrEpic Communications公司創辦人

「如果有一個觀念可以改變你營運方式，非落差心態和收穫心態莫屬了。別錯過它。這觀念不但簡單到你可以現在馬上實施，而且影響力大到將永遠改變你的營運模式。」

——尼克・南頓（Nick Nanton），艾美獎獲獎導演與製作人，《華爾街日報》（*Wall Street Journal*）暢銷書作者，全球盾牌（Global Shield）人道精神獎得主

「Don't Worry, be happy（別煩惱，快樂點）。說來簡單，要做到很難，尤其是拚命追求無盡成就的創業者。幸福是人類最基本的欲望之一，而丹和班的這本書揭開了獲致幸福的過程。」

——凱利・歐柏布納（Kary Oberbrunner），點燃靈魂（Igniting Souls）執行長，《今日美國》（*USA Today*）與《華爾街日報》（*Wall Street Journal*）暢銷書作者

「我與丹和班合作過。當世界充斥著癡迷於關注度、只想成為意見領袖的笨蛋，他們兩人是稀有的存在——有真正新鮮、有趣的東西可說的聰明傢伙。」

——休・麥克勞德（Hugh MacLeod），《忽略所有人》（*Ignore Everybody*）作者，Gapingvoid顧問公司共同創辦人

「大多數的創業者都不快樂，原以為自己當老闆就可以『解決』所有問題，但事實並非如此，你面對的壓力比以往還要大。本書提供工具和心態，讓你在成功和幸福中不斷成

長。」

——伊凡・卡麥克（Evan Carmichael），《服務》（*Built to Serve*）作者

「總是專注於理想並活在落差心態中只會疲憊不堪，這種心態會吸乾你的創造力！遠離落差心態有助於我朝向我相信自己能成為的人邁進。我活在當下，更感恩、更快樂。」

——瑪麗・盧卡斯・艾伍德（Mary Lucas Atwood），顧問諮詢中心（Advisor Consulting Hub）董事長與執行長

「理解落差心態、教導自己擁有收穫心態，一直是激勵自我成長的動機，也讓我的團隊知道如何衡量每一天的成功。認識成功的過程，讓我每一天都有能力幫助別人。」

——唐・庫柏（Don Cooper），創新者工業（Innovator Industrial）創辦人，〈*The Amplifier*〉Podcast主持人，策略教練

「落差心態和收穫心態是一種巨大的思維轉變，對於所有創業者、運動員、領導者、父母，或任何想要維持優質人際圈的人都是關鍵。這種說法看似囊括了所有人，但事實就是如此……這種心態會改變你衡量自己、衡量他人成就的看法……然後你會發現，成就與幸福可以兼得。」

——麗莎・M・席尼（Lisa M Cini），馬賽克（Mosaic）和無線生活（Infinite Living）設計工作室、BestLivingTech.com網站創辦人與執行長，暢銷書作者

「所有創業者的必讀之作。《收穫心態》提供的概念簡單又複雜。這本書讓我意識到，我有太多時間掉入落差心態，而且我不是唯一有這種感覺的人。」

——尼克・索南堡（Nick Sonnenberg），www.getleverage.com創辦人與執行長，作者、Podcast講者

「本書是最強大的工具，能夠讓你體驗更多的快樂、信心和成功。二十多年來，多虧

了丹・蘇利文、芭布斯・史密斯和策略教練，我才有機會體驗到，訓練大腦正確衡量進步所帶來的好處，同時賦予自我更大的自由和韌性。現在，感謝出色的作家班傑明・哈迪幫助丹整理出這一過程，本書將幫助你，將你、你的團隊和家庭的每一次經歷，都轉化為一種收穫。買這本書來讀讀吧！」

——喬・波力士（Joe Polish），天才網絡（Genius Network）創辦人

「黃金勘探過程中，從發現黃金到開採可能曠日長久。經常提醒自己已經獲得的『勝利』，以及自己已經走了多遠，能為團隊提供所需的積極心態，推動我們走向下一個發現。」

——英格麗・希巴德（Ingrid Hibbard），國際採礦公司Pelangio Exploration董事長與執行長

作者序

獻給正在閱讀本書的你

自一九九五年以來，超過二萬名充滿雄心壯志、才華橫溢的成功創業者，靠著捨棄落差心態、擁抱收穫心態而獲得成就，讓我們得以撰寫本書。你即將讀到的報告和紀錄，代表了無數的企業群體的心態轉型。

這些令人欽佩的人們向我們提供了壓倒性的證據，證明「衡量進步」的這項技巧，能迅速輕易地讓人變得積極正向，而且效果持久。「不再衡量自己與目標差距多遠，而是審視至今自己進步了多少」的技巧已被證實，有益於所有創業領域中有遠見的高成就者。對有創新精神的傑出人士來說尤其如此，他們在學會「落差心態與收穫心態」的區別之前，很少為自己的顯著成果感到開心，就算開心也不會持續太久。

然而，隨著日益掌握這一概念，極大地改變他們的生活，朝著更幸福快樂的方向發展。透過簡單地衡量每一天的進步，而不是比較自己距離無盡的理想有多遠，他們的信心心和組織能力與日俱增。他們的個人生活，以及他們所服務、共事和共同生活的人，在承諾和目標的各領域都獲得改善。

我的合著者班傑明・哈迪博士向我解釋，**從心理學研究的角度來看，本書提出的概念可能是最廣泛、最全面的，而且我們仍持續不斷地從與眾不同的實踐者身上獲得回饋**。

換句話說，成千上萬的創業者不是普通人，他們過著與眾不同的生活。他們天生就是人生目標的設定者和超越者，他們不需要別人教他們如何成功，他們與生俱來自我激勵、自我管理、自我衡量的特質。

他們唯一提出的人生基本課題很單純：**我們從童年就展開成功旅程，總是在達成更大、更好的成就道路上，卻沒有學過該怎麼快樂**。

我自己也有一樣的問題。我一生中最大的幸運，是遇見並娶了我終身的商業夥伴芭布斯・史密斯（Babs Smith）。自一九八二年以來，她的智慧和團隊精神讓我走上了一條極具成效的成功之路，這讓

> 「衡量進步的方式是回頭看看你距離起點有多遠，而不是距離理想有多遠。」
>
> ——丹・蘇利文，創業家教練

我們兩人及成千上萬的人感受到極大的快樂。

——丹・蘇利文

給蘿倫（Lauren），你是我生命中最重要的收穫。謝謝你的愛和支持，謝謝你幫助我變得更好，謝謝你欣賞我一路以來的進步，同時讓我了解我們還能走多遠。

給凱勒布（Kaleb）、喬丹（Jordan）和羅根（Logan），感謝過去幾年你們在各領域取得不可思議的進展。看著你們每天的學習和成長，真的很鼓舞人心。你們也幫助我成為更好的人。我們一起成長。謝謝你們在我失誤的時候，陪我專注於收穫心態。

我的父母菲力浦・哈迪（Philip Hardy）和蘇珊・奈特（Susan Knight），感謝你們人生中所有的收穫，也感謝你們幫助我取得我的收穫。謝謝你們愛我，為我付出這麼多。謝謝你們總是以收穫心態看待我和我的生活。

給塔克・馬克斯（Tucker Max），感謝你在生活和工作領域幫助我取得的所有成果。

謝謝你編輯我的書，同時給了我更清晰的思考力，無論是身為作家的角色，還是普通人的角色。還有，感謝你和我有過的所有深度交流，幫助我走出情緒問題與困境。你讓我學會了非常有意義且重要的收穫心態，我感恩在心。

最後，感謝喬・波力士創辦了天才網絡（Genius Network），並將我介紹給丹和芭布斯。由於你的熱情、想法和你所建立的關係網，我在個人和創業領域都取得了難以置信的成就。非常感謝你，喬！

——班傑明・哈迪

序　章

為什麼大多數人都不快樂？——擁有什麼樣的心態很重要

「沒有通往幸福的道路，幸福本身就是道路。」
——一行禪師（Thich Nhat Hanh），入世佛教領袖

一七七六年，湯瑪斯・傑佛遜（Thomas Jefferson）起草了《獨立宣言》（*Declaration of Independence*），自此之後，美國人一直不快樂了。

從那時起，美國的文化和心理有了特定的定義：「生命，自由和**追求幸福**。」傑佛遜從年輕就一直糾結著「幸福」這個概念。他認為我們應該追求幸福，但要實際獲得幸福，幾乎是不可能的事。一七六三年，二十歲的傑佛遜寫了一封信給大學同學約翰・佩奇（John Page），在信中提到最近被一名女子拒絕的經歷：

「我相信，上帝從來沒有打算讓他所創造的人在世上享有完美的幸福，但是，祂已經賦予我們很大的能力，讓我們能夠接近幸福，我如此堅信著。」❶

追求遙不可及的幸福，是傑佛遜信念中的一部分。

這種哲學是他思想的基礎，在有浪漫傾向的青年時期如此，到他成為中年男子，設想一個嶄新國家的原則時也是如此。傑佛遜沒有意識到，正是《獨立宣言》中的那句話，定義了「幸福」是無法實現的體驗，這一觀念進一步塑造了美國文化。我們「追求」幸福，如同直接暗示我們現在不幸福。你不會去追求某樣你已經擁有的東西。即使我們已經取得很棒的成就，這種追求也會讓幸福永遠都在前方轉角處。

幸福總在取得下一個成就之後。
幸福總在遙遠未來的某處。
幸福總在門外。
但幸福永遠不在這裡。

如果你覺得這說法太誇張了，最近的一項民意調查發現，只有一四%的美國成年人說他們很快樂❷。我並非要把所有美國人的不幸福都歸咎於美國最重要的開國元勳，但是思想會創造文化，而文化是塑造人類身分和決策最強大的力量❸。

這一框架所造成的影響不容小覷。由於接受了追求幸福的概念，我們剝奪了自己此時此刻的幸福。我們不懂得珍惜現在的自己，以及目前取得了多少成就。

當你的幸福與未來的某些東西綁在一起時，你當下的感受就減少，你現在不快樂、沒信心，也不成功，但也許未來你可以變成那樣的人，至少邏輯看起來是那樣。你會追逐外在的幸福，是因為你與自己的內心脫節了。一旦內心脫節，你就會試圖填補你與幸福的差距。

你活在落差心態中嗎？

幸福成了一種負擔

「當你認為幸福是一種必須外求的東西，它就成了莫大的心理負擔。」

一九九〇年代初期，世界上最頂尖的創業教練丹・蘇利文發現，落差心態在那些成就非凡的客戶身上是多麼普遍的現象，就連一般人也不例外。

他指出，落差心態是一種有毒的心態，會阻止人們過上幸福與美滿的生活。他知道，除非人們走出落差心態，否則永遠無法得到該有的快樂與成功。

他開始幫助人們走出落差心態。

落差心態和收穫心態成為蘇利文最重要、最具變革意義的概念之一。直到現在，這個概念仍一直獨特地隱藏在蘇利文教導的策略計畫背後。

想要快樂成功，先認識落差心態與收穫心態

「你未來的成長和進步，取決於此刻你衡量自己的兩種方式：以與理想的差距來衡量自己，會讓你陷入我所謂的『落差心態』；以與出發點的差距來衡量自己，則會讓你擁有『收穫心態』，珍惜自己已經取得的一切。」

——丹・蘇利文

無論平凡還是卓越的人生經歷，都存在落差心態。可能是因為拿到較小的那半邊餅乾（稍後會詳細解釋）、也可能是因為自己的負面經歷而身陷其中，人總是希望自己的生活能與眾不同，甚至持續往成功的方向發展。

特別是，傑出人士更容易抱持著落差心態。有研究指出，執行長這職位得到憂鬱症的機率是一般大眾的二倍❹。創業者則容易有濫用藥物、憂鬱和自殺的傾向。即使在獲得極大的成功之後，他們的思緒也會快速關注下一個未達到的成就上❺。傑出人士看似外在獲得許多偉大成就，但他們的內在問題仍然無解。大部分的成功人士不快樂，而且這種不快樂會隨著達成一個接一個的外在成就而日益加劇。

這是，當他們持續擁抱落差心態的情況下。

在美國歷史上，傑佛遜絕對是一位鼓舞人心、對美國具有重大意義的人物，但事實是：傑佛遜一直處於落差心態。這就是為什麼他從未「找到」他所追求的幸福。更讓人遺憾的是，傑佛遜的落差心態普遍深根於西方人的意識形態和思想中。

讓我們舉一則用落差心態來看待事物的例子，一位名叫愛德華的人，他很成功卻不快樂：

愛德華是查德・維拉德森（Chad Willardson）的前客戶，維拉德森則是南加州首屈一指的財富管理公司太平洋資本（Pacific Capital）的創始人和總裁。

早在二〇〇三年初，兩人第一次見面時，維拉德森就能從愛德華的肢體語言中看出他的焦慮和擔心。愛德華提到自己很擔心股票市場和經濟走向，維拉德森向他保證，有了正確的團隊、計畫和策略，他的財務未來必定安全充裕。

進一步了解愛德華的財務狀況之後，維拉德森向愛德華保證，他有充足的理由對自己的未來充滿信心。當時，愛德華四十歲出頭，年收入有六位數，再加上二百五十萬美元現金可供投資。

他告訴維拉德森：「除非能把投資組合提高到五百萬美元，我才會有財務安全感，也才能夠放輕鬆。」於是，維拉德森將愛德華的目標設定在五百萬美元。

接下來，愛德華按照他們共同制定的計畫去執行，每一年都存錢到帳戶裡，投資也不斷增加，複利成果非常好。幾年之內，他的投資組合就超過了最初設定的五百萬美元目標。但到達這個設定之後，愛德華還是沒有安全感。

他陷入了「比較自己與目標差距多少」的思維中。

他擔心未來。

他告訴維拉德森：「我覺得我需要一千萬才有安全感。」

憑藉著豐厚收入和傑出的投資策略，他的投資組合最後確實成長超過一千萬美元，二〇一九年時，投資組合更是達到一千七百萬美元，是最初設定財務自由目標的三倍以上。從局外人的角度來看，這個人完美實現了美國夢，讓自己的收入成長到七位數，擁有一大筆複利資產。而且，毫無疑問地，他是一名精明能幹的商人。

然而，他始終沒有擺脫落差心態，他從未學會如何珍惜自己的進步與收穫，對自己的現況一點也不感激或高興。他仍然焦慮和擔憂著未來。他繼續吸收媒體灌輸的落差思維，這些訊息讓他相信金融世界即將崩潰，他會失去所有的錢。

為此他與維拉德森見面。他想放棄他們在過去十六年裡執行得非常成功的計畫和策略，並打算把所有投資組合換成現金，只因為他對未來的看法很悲觀，不認為未來會有更多的增幅走勢。

既然愛德華主動放棄了維拉德森提供和執行的策略，很明顯他們想法不一致了，於是彼此決定中止合作。愛德華賣掉了所有的投資，將其存進銀行，自二〇一九年初的那次談話之後，錢就一直放在銀行帳戶裡。然而，打從愛德華怯懦地贖回資金、撤出市場，到二〇二一年中我撰寫這本書的兩年內，標準普爾指數（S&P 500）上漲超過六八％。

愛德華無法逃離落差心態，也無法珍惜他的進步與收穫。他總是試著填補他認為未來必定存在的落差。

殘酷的事實是，落差心態一直深埋在他的心裡。最後，這種思維變得太過極端，使得他完全無法相信未來。這是一則令人難過的故事。但更令人難過的，是這種現象普遍存在大多數人心裡。

你可能也陷入了落差心態。也許你也跟傑佛遜和愛德華一樣，一直把「幸福」和「成功」放在遙遠的未來，而不是現在。如此一來，你將永遠找不到幸福。就算持續獲致更多成就，幸福和安全感也永遠不屬於你，因為落差心態最終會讓人完全停止成長。

如果你擁有落差心態，認為「幸福」和「成功」是你必須去「追求」才能擁有的東西，那麼你就麻煩大了。你讓自己陷入痛苦中。糟糕的是，你的落差心態與落差思維也會感染給周遭的每個人。

當你不停追趕自己與目標的差距，看什麼東西都是戴著「落差心態的眼鏡」，你無法獲得滿足，你看不見自己和他人已經擁有的東西，視而不見當然永遠無法快樂。就這麼簡單。傑佛遜錯了。

幸福並不在未來。

如果你準備好要擺脫落差心態了，接下來我會告訴你該怎麼做。本書是走出落差心態的唯一途徑。好消息是，接下來要學習的方法簡單到不可思議，千萬別因為太簡單就掉以輕心。

注意，落差心態是人類的天性。

注意，收穫心態才是解藥。

收穫心態能立即創造幸福。

收穫心態能讓你連結到自己和自己的進步。

收穫心態能改變一切

收穫心態讓你有力量主宰自己的人生。

收穫心態讓你走出落差心態。

丹發現自己擁有落差心態的那一天，遇上一位讓他受挫的客戶。這位客戶鮑伯總是情緒低落，在團體中製造了不少負面能量。

在丹的「策略教練」培訓計畫中有一項基本的服務，每六十到九十天會和他的創業客戶見上一次面。會面的時候，丹會運用一些思考工具引導客戶反思、制定策略，進而在生活和事業領域獲得獨特且有益的觀點。

每當丹問鮑伯，過去的九十天裡他完成了什麼，鮑伯首先分享公司裡的一些進展，比如他們達成一筆新交易。不過一說完達成的任務之後，鮑伯會馬上解釋這些「進展」其實一點意義也沒有，因為這不是他們規畫中可以或應該做到的事情：

「是沒錯，但這一切其實沒什麼意義，因為……」

在聆聽鮑伯貶低自己的進展並抱怨處境時，丹突然清楚地看出，成功的創業者為什麼總是做一些破壞自我成長和信心的怪事。這不是他第一次聽到客戶抱怨他們的人生進展了。

丹走到白板前，畫了一張圖來向鮑伯解釋，他們的心態出了什麼問題。

在紙的最上面，丹寫下「理想」這個詞。在紙最下面，他寫了「開始」。然後，在兩個詞彙之間、紙張的正中央，他寫下「達成」。然後他在達成和理想之間畫了一條線。

他這樣向鮑伯解釋：

「『開始』是你九十天前的位置。」

「『達成』是你過去的九十天內實際做到的事情。」

「『理想』則是你希望自己所在之處。」

「你心中有一個理想，你用那個理想來衡量自己，而不是用你已經做到的實際進展來衡量自己。這就是為什麼你總是不滿意自己完成的結果，也可能是你對生活中的一切都不滿意的原因。」

「你是用落差心態在衡量自己。」

在繪圖和說出這些想法的同時，丹不知不覺間制定出策略教練計畫中最重要、最具變革性，以及最持久的一項概念。不過在那一刻，這只是一個未經修潤的見解。

圖表 1 落差心態與收穫心態的心理機制

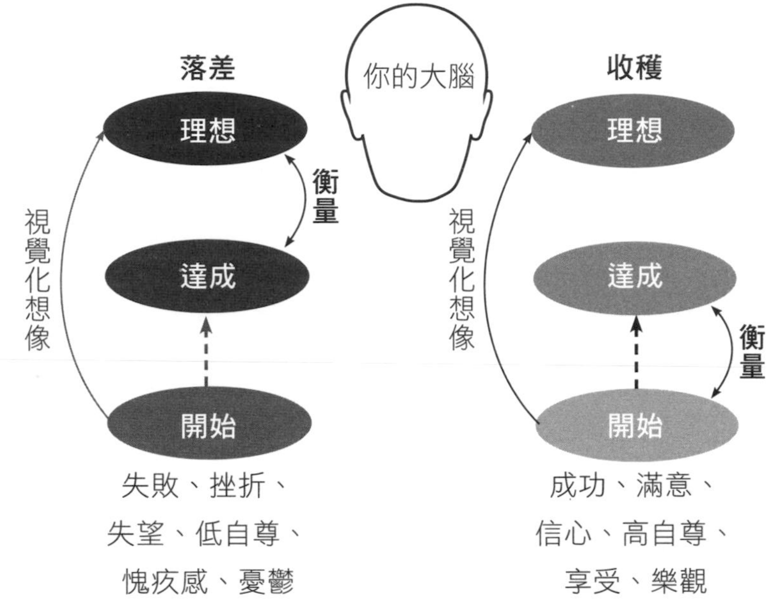

鮑伯，不快樂的人，根本不想聽丹說的話，他繼續停留在落差心態中，並開始抱怨丹的解釋，指出這概念如何、以及為什麼不能套用在他身上。

儘管鮑伯非常抗拒，但在場的其他創業者卻被丹提出的概念徹底震撼到了。他們馬上開始觀察落差心態跟自己的情況有什麼關聯。他們看到了落差心態如何滲透到他們的生活中，使他們痛苦不堪。

每次你用與理想的距離來衡量自己或自己的處境時，你就是處在落差心態中。

比如說，你和另一半正前往演唱會的路上，你們一直很期待這場演唱會，但是現在已經遲到五分鐘了。如果你一直關注「遲到五分鐘」而情緒沮喪，那麼你就是處在落差心態。你是用與理想的差距來衡量自己。

你沒有活在當下。

你應該要做的，是把注意力轉移到你的收穫上，專注於你們度過了一個快樂的夜晚這項事實上。如此一來，一整晚你才能擁抱收穫心態。

專注於收穫心態，你會快樂。

在所處的每一個情境裡，你可能採用落差心態或者收穫心態，但你不能同時處於二者之間。

我妻子蘿倫每晚都會為全家準備晚餐。有時候，孩子們一走到餐桌前就開始抱怨他們不喜歡今天的餐點。

「你們是處在落差心態還是在收穫心態？」我問他們。他們已經聽過這概念太多次，實在太過深刻，所以一點就通了。

「謝謝媽媽準備的晚餐。」

事實上，他們一直都是「接受者」，不是嗎？不懂得珍惜眼前的美食，等於不珍惜自己擁有的生活，他們就是用理想的差距來衡量自己的體驗。

從比較目標與自己的「差距跑步機」下車

「當你停止競爭，那天就是你獲勝的日子。」
——巴布・馬利（Bob Marley），雷鬼音樂之父

用理想來衡量自己是一場永無休止的競賽。「理想」可以是一種希望或期待，也可以是與某事或某人的比較：「**她加薪的幅度比我的大。**」身處落差心態，你會無法好好體驗生活，落差心態阻止你珍惜自己當前所處的位置，你無法快樂。正如專準主義的奉行者葛瑞格・麥基昂（Greg McKeown）所說的：

「如果你專注於自己的匱乏，你會失去你所擁有的。如果你專注於自己的擁有，你會得到你所匱乏的。❻」

一旦抱持落差心態，你會失去原來擁有的一切。落差心態使得每一次經歷都是負面的，而且每次經歷過後你會認為自己變得更糟糕。落差心態使得任何形式的進步都令人失望，無論你付出多少都不夠，因為「成功的標準」會不斷改變。

落差心態讓你成為暴君，你只會看到別人沒有達到標準的部分。

理想如同沙漠裡的地平線，不管往前走了多少步，地平線依然遙不可及。這種「移動的地平線」現象在心理學有個專有名詞：享樂適應（hedonic adaptation），指的是人類有迅速適應所處環境和所擁有事物的傾向，這種狀態導致人永遠不滿足，會不斷地追尋下一目標❼。

享樂適應效應非常強大，因此無論你的改變有多大——與夢中情人結婚、收入翻倍、實現所有目標——興奮感都會迅速消退，很快恢復到「正常」的狀態，並再次感到不滿足。❽

你往前進，地平線也跟著你移動。

心理學家邁克・艾森克（Michael Eysenck）博士用另一個詞彙來描述這種現象：「享樂跑步機」（hedonic treadmill）❾。一旦你站上這台跑步機，你必須愈來愈努力才能獲得快樂，但其實你內心的狀態一直停留在起點。

享樂跑步機這種現象，是因為人們從來沒有學過如何快樂。理想之所以存在，是為了給生活提供方向、動力和意義。但**理想不是快樂的衡量標準**。社會訓練我們用理想來衡量自己，實際上卻很難實現。相反地，「目標」可以實現。

再者，我們的社會是由不斷膨脹且遙不可及的理想所驅動，這就是為什麼我們活在推崇消費的文化中，為什麼我們一直和他人做比較。

就連本應帶給人們希望和治癒的宗教，也可能是人們掉入落差心態的原因。正如一位朋友告訴我的：「我總是用完美來衡量自己，因為我相信神能讓我完美。不過我永遠也達不到那種境界。」

也許，他並沒有意識到神是站在收穫心態那一邊，而不是落差心態。

假設你的起始點是一步，達成目標是三十步，但是你只能走到二十二步。這時候如果你關注於實際進展，並用收穫心態來衡量自

目標能擴展幸福

「我不認為設定並達成目標是為了努力變得更快樂，而是因為我們很快樂，想要擴展這種幸福感。」

己，就會發現你已經提升了二十一步。但是，如果你用三十步的目標來衡量自己，你就掉入落差心態中，你還差了八步呢。

著眼於進步，你就是用過去、用你之前的狀態來衡量自己。你衡量的是「自己」的進步，你不會拿自己和外在的人事物做比較，不會用「理想」來衡量自己。

生活中我們有著無數的經歷，問題在於，我們真正重視過這些經歷嗎？還是只會拿自己的經歷和別人做比較？

當你擁有收穫心態，你會珍惜自己的經歷——所有經歷。

每一種經歷都被視為收穫。

擁有收穫心態的人，生活取決於行動和結果，而不是可能或應該發生的事情。收穫心態可以「衡量」，而理想卻不行。正如績效教練提姆・葛洛佛（Tim Grover）說的：「成功者沒有待辦清單，他們有『完成』清單。」[10]

當你擁有收穫心態，你會專注於實際完成的事情，衡量你得到的東西，並利用這些收穫，在未來創造更多、更大的收穫。每一次經歷都可以轉化為收穫。著眼於收穫心態，能夠讓你的內心堅不可摧。不管現實發生了什麼事，你都可以把經歷變成收穫。

在車禍中失去一條腿？衡量你得到了什麼，把它變成一種收穫。

另一半對你不忠？衡量你得到了什麼，把它變成一種收穫。

生意失敗？衡量你得到了什麼，把它變成一種收穫。

被金融詐騙？衡量你得到了什麼，把它變成一種收穫。

儘管這些例子有些極端，但你很快就會發現，所有經歷都能轉化為收穫。就如同丹所說的：

「我發現，每當激起我負面情緒的事情發生時，那個負面經歷會一直跟隨著我，直到我把它轉化為教訓。在我意識到這一點之前，我總是被那些負面經歷癱瘓很長一段時間。」[11]

因此，你經歷什麼樣的事情並不重要，如何詮釋經歷本身完全在於你的選擇——無論是以落差心態還是收穫心態來看待。每當你為自己創造新的教訓、見解或標準，將經歷轉化為收穫時，你會更堅強，未來也會變得更廣闊。唯有將經歷轉化為收穫，這項經歷才會變得有價值、有幫助。

然而，許多人閱歷豐富，卻很少從中學習。

當你用落差心態看待各種經歷時，所有經歷都成了你的創傷。或許「創傷」一詞聽起來很極端，但從本質上來說，創傷就是被你定義為負面的經歷，你會避開它，它也會成為你一生的障礙和脆弱。

當一項經歷用落差心態來衡量，就代表你還沒有從中學習，你還沒有真正擁有它。除非積極地去了解並放下它，否則你會被卡住。如果不把經歷當成收穫，你就無法繼續前進。你必須選擇對各種經歷心存感激並釋懷，因為事情已經發生了。

當你用收穫心態看待事物，你會更快樂；你不再痛苦，並感激每一個經歷。

你會根據你自己的成功標準去生活——這些標準由你自己選擇。你擁抱「失敗」（也就是學習），因為你會積極地將每一次經歷轉化為學習和成長——這就是收穫心態。賽斯・高汀（Seth Godin）說過：

「規則很簡單：失敗最多次的人會贏。如果我失敗的次數比你多，我就贏了。因為不斷失敗之下，你必須夠優秀才能繼續玩下去。」

你生命中的每件事都是為你而生的，不是恰巧發生在你身上。只要把每一次經歷轉化為收穫，就沒有什麼能阻止你。藉由定義你自己的成功標準，透過經歷積極成長自我，你會對持續取得的成就而驚訝不已。[12][13]

你會經常回顧過去，審視自己加速成長的狀態。

你也會看到愈來愈具體且可衡量的進展。

你的進步會令人大吃一驚，因為很多人大多數時間都處於落差心態中，換句話說，他們沒有將經歷轉化為學習，沒有利用每一次經歷來調整自己對成功的定義和衡量方式。

抱持收穫心態，你的未來銳不可擋。

抱持收穫心態，你的進步對自己和周圍的每個人來說，愈來愈可以衡量。

而且，你愈是抱持著收穫心態，就愈不會去比較、競爭，甚至不會在意別人對你的看法。

收穫心態會讓你變得愈來愈與眾不同，愈來愈有主見，不需再用外在的事物衡量自己。把每次經歷都轉化為一種收穫，你會成為獨一無二、無與倫比的人。

你玩自己的遊戲。
你每天都能看到新的進步。
你定義自己的經歷意義。
你熱愛你的生活。

◎收穫心態會讓你看到別人的優點，落差心態則只會看到別人的缺點

「生命的意義端看你自己怎麼定義。」
——約瑟夫・坎伯（Joseph Campbell），神話學家[14]

我是班傑明・哈迪博士，一名組織心理學家和暢銷書作家，也是與丹・蘇利文合著這本書的作者。

丹和我還合作了另一本《成功者的互利方程式》（*Who Not How*）。這本書於二〇二〇年出版，並成為全美暢銷書。這本書的概念是，如果你問「誰能幫助我？（找人）」而不是「我該怎麼做？（找方法）」你就能夠把自己從必須獨力完成所有工作的重擔中拯救出來。而且，你會成為一位有遠見的領導者，帶領有能力的「人」所組成的團隊來執行你的願景。

這就是為什麼寫這本書的人是我，而不是丹。儘管他希望這些書籍問世，但是他不會寫書，與其自己去找「寫作方法」，他找「作家」來支持他日益成長的願景，而我就是幫他完成這項願景的「人」。

「策略教練」是世界上排名第一的創業者培訓專案，有成千上萬名世界頂級企業家接受六十到九十天的策略教練培訓，這項計畫的使命是增加創業的自由、快樂和成功。

一旦你理解了丹的教導和工具，成功和自由必然隨之而來。我自己就是個實證。二〇一四年是我博士課程的第一年，我自那時開始向丹學習，當時我擔任研究助理，年薪一萬二千美元。在丹的教導下，畢業前我建立了一支收入七位數的事業團隊。從那時起，我一直運用「找人不找方法」的力量，在我的生活中創造更多成果和自由。

和大家分享《成功者的互利方程式》一書已經讓我無比興奮了，現在要分享的這本《收穫心態》，更是讓我激動不已。在過去的十二年裡，我取得心理學博士學位，閱讀了超過一千本這類主題的相關書籍，我可以肯定地說，我從來沒有看過哪一個概念或框架，像《收穫心態》這樣簡潔、清晰且實用。

在這個簡單的概念中，蘊藏著正向心理學、健康關係、心理健康領域，以及高效能的大師課程。所有關於如何創造高效成功者的心理學觀念，都可以透過本書來實現。可以說，本書是終極簡化版，或丹所謂的「智識捷徑」。

現在讓我告訴你，我為什麼想要寫這本書。在策略教練培訓一學到落差心態與收穫心態的概念，我馬上開始使用，而這概念確實改變

幸福是你的起點

「幸福是你的起點，透過實現目標，你擴展了這個起點。所以，你也不斷地向外擴展了幸福感。」

了我的生活，改變了我對待工作、團隊，最重要的是，我對待家人的方式。

在家裡，每天我們都會指出對方的落差心態並鼓勵收穫心態，甚至連孩子們抓到我陷入落差心態時，他們還會指正我（次數比我願意承認的還要多）。

我告訴你們一些非常私人的東西：我討厭處在落差心態裡的自己。當我因為孩子們的事而出現落差心態時（尤其是比較大的那三個孩子，他們是幾年前我和妻子從寄養機構收養來的），我會對他們灌輸大量的心理傷害。

當你用落差心態來衡量他人，你看到的都是他們不符標準的地方。

你只看到他們的缺點，看不到他們的收穫和成長。

以我的大兒子為例，他是一位了不起的年輕人。我和妻子第一次見到他時才七歲，住在團體之家。從那之後他就跟我們住在一起，也成了我最喜歡的人之一。

同住之後的每隔一段時間，他總會試圖逃避做家事或學校作業。這可能是小孩子的典型行為，但對我而言就像是個觸發點，每次發生這種事情時，我都非常挫折。

「你為什麼總想逃避事情？」我對他大吼。

然而，當我這麼做時，他的情緒領域會封閉、拒絕我。後來他告訴我，他覺得我只看到他的缺點。當我用落差心態來衡量他時，我將他與「我希望他是什麼樣的人」進行比較，衡量他的行為是否符合我的「理想」。我戴著「落差心態的眼鏡」看他，我能看到的只有他的缺點，看不見真實的他是什麼模樣。

我看不見他的成長，看不見他的進步。

不過，當我靜下心來仔細思考，用第一次見到他的狀態來衡量現在的他時，我發現他早已擁有難以置信的進步與收穫。不光是在學習領域，就連情緒、生理以及其他所有領域都有明顯的改善。他成長和變化的程度很驚人。

但如果抱持著落差心態，我完全看不到這些。我唯一看到的，是他根本達不到我那不斷變化的理想。在落差心態中，我成了一名暴君、一名欺負兒子的惡霸，而不是他最大的粉絲和支持者。

這就是為什麼這本書是我人生的中心思想。我學會關注自己的收穫心態，把它們說出來給我兒子和周圍的人聽。當你專注於收穫心態

理想照亮道路

「理想就像太陽，照亮你面前的道路，鼓勵你採取必要的步驟，達到你的目標。」

的時候，你和周圍的人都會改變。

在本書中，丹．蘇利文的想法穿插其中，以引言的方式呈現。

PART 1

別在意現在的你與理想差距有多遠

1
擁抱你「想要」的自由，避免依附別人的「需要」

「你，也只有你，才是那個應該衡量自己成功與否的人。我不會試著超越別人，我只想要超越自己。」

——丹・詹森（Dan Jansen）

丹・詹森，許多人公認有史以來最優秀的競速滑輪溜冰選手。十九歲時他首次參加了一九八四年的冬季奧運，差一點就奪得獎牌。接下來的十年裡，每一位關注競速滑冰的人都能清楚地看出，詹森是世界上最具天賦的滑冰運動員。

但他似乎被詛咒了。

在大型賽事中，他常以破世界紀錄的速度出發，但接下來總有一些小事件、小差錯等突發狀況阻止他獲勝。儘管如此，人們還是一致認為，以他的能力，奧運獎牌絕對指日可待。

一九九四年，詹森最後一次挑戰奧運獎牌，卻他在最拿手五〇〇公尺項目上只拿到第八名的成績，他幾乎心碎，看起來他永遠拿不到奧運獎牌了。他剩下最後一場一〇〇〇公尺賽事，是他自認為最不拿手的項目。

比賽之前，詹森決定以一種全新的心態參加比賽。與其死抱著落差心態，認為他得靠獎牌來證明自己的成功、想著他本該獲勝卻沒有獲勝的所有賽事，他決定換個角度思考：專注於他一路以來的收穫、他生活中所有美好的事物。❶

他想到為自己奉獻了無盡精力和關心的教練們。

深愛自己的家人。

支持他的朋友們。

過往所有奇妙的經歷和祝福。

他早已是史上最優秀的滑冰選手之一。

他甚至想到了自己對滑冰的熱愛，以及滑冰如何影響他的人生。

他淚流滿面，想起自己的滑冰運動員生涯取得了多少收穫，那種強烈的正向情緒令他難以招架。想到這裡，他就明白了，今天能站在這裡何其有幸，他可是在奧運會上滑冰啊！

詹森對自己生命中的收穫心懷感激，抱持謙卑。他決定在最後一場奧運比賽上表達自己的所有感激——向他熱愛的運動、人們和經歷，好好說「謝謝」和「再見」。

從那一刻起，輸贏已經不重要了。

他心中充滿了喜悅和感激，決定把生命中所有的收穫當成動力去努力。整場賽事他面帶笑容，賽後他說，這是他一生中最快樂的一次滑冰。這次比賽打破了世界紀錄，是奧運史上最激勵人心的勝利之一。詹森滑冰技巧近乎完美，為他贏得一座奧運金牌。

最後這項賽事不但讓他贏得唯一一面奧運獎牌，也是他第一次以收穫心態參加比賽，而不是落差心態。

幸福不是你要追求的東西。

幸福不在未來某處。

幾十年的科學研究明確指出：**幸福是你開始的地方，而不是結束的地方**[2]。舉例來說，由心理學家芭芭拉・佛列德里克森（Barbara L. Fredrickson）博士首先提出的擴展和建構理

論（Broaden-and-build Theory）表明，正面情緒是學習、成長和高績效的起點。❸

正面情緒能擴展你在思考和行動上的選擇。舉例來說，研究顯示在高風險的情況下，心懷感恩的人有辦法看清前方的最佳選擇，所以能夠做出最好的決定❹。相對地，負面情緒會縮小選擇範圍，讓人只能採取幾種固定、死板的方式來處理眼前的情況。

也就是說，心態擴展之後，你就能夠建構現在或未來可以使用的新「資源」——無論是新的觀點、更高的情緒靈活度、新的策略，還是新的人際關係。正面情緒能提升表現，進而增加信心，帶出更多正面情緒，這是一種良性循環。

詹森從落差心態轉向收穫心態，就是上面提到的「擴展和構建」現象。透過收穫心態關注生活，他立刻對自己的生活抱持著謙卑與感恩。事實上，當他的情緒開始感受到喜悅和感激，這些正面情緒支持他在比賽中更靈活、有創意。帶著快樂的心情滑冰，速度比以往任何時候快。

專注於收穫心態擴展和轉變了詹森。

好處還遠遠不止如此。心理學研究指出，並不是信心創造了成功，而是先前的成功建立了信心❺。當詹森抱持著落差心態，想著他原本應該獲勝卻鎩羽而歸的比賽時，其實無意間他扼殺了自己的信心，對自己的表現有了負面想法。

然而，透過關注生命中的那些進步、回顧已經達成的一切收穫，立刻提升他的信心。正是這種信心讓他堅信自己能夠贏得比賽，並在贏得金牌的過程中更加專注。

他要做的，就是回想他過往所有的收穫。這就是他走出落差心態的方法。專注於自己的收穫，讓他狀態絕佳、充滿信心與感激。處於巔峰狀態的他，表現比先前任何時候都要好。

而且，透過專注於收穫心態來增強信心，不只適用於體育運動。

凱特・德沃斯特（Kate Dewhirst）是加拿大多倫多一位頗有名氣的醫療保健律師。她的工作極具挑戰，由於健保系統過於複雜，導致醫療從業人員經常忘記他們的職責所在，而凱特的任務是幫助他們學習新系統，並遵守不斷變化的法律規定。

凱特做法很簡單，從幫助這些醫療從業人員看到過去的收

回顧過去來衡量你的實際進展

「未來不是現實，而是一種投射。正因為未來不是現實，所以不能成為衡量進步的實際標準。衡量目標的唯一方法是向後看，看看你距離過去有多遠了。運用你當前所處的現實，從這個地方去衡量到現在你進步了多少。」

穫開始，讓他們知道，過去他們已經學習、應用了許多有益的法律規定。藉由這一心態輔導，他們光看到「以前完成的任務」，就能增強他們的信心和學習的意願。

每當凱特覺得自己無法在個人或職業領域更上一層樓時，她也會利用自己過去的成就來激發信心。著眼於過往那些收穫，她的生活和事業能夠進步迅速。

回到詹森。也許對詹森來說，轉為專注收穫心態最重要的連帶效果是，他不再「需要」獲勝。當然，他想贏，他決心要拿出最佳的表現。但他不再需要那塊金牌才能感受到自己的價值與成功。

如果詹森覺得他需要金牌才會快樂、才算成功，那麼獲得金牌絕對不會讓他快樂。需要任何外在的東西都是一種落差心態。當你抱持著落差心態，你的幸福是與你之外的某些東西聯繫在一起，是個不斷移動、無法觸及的目標。

當你抱持落差心態，你會對外在事物產生一種不健康的依戀。

你覺得需要某些外在的東西自己才會完整和快樂。

你需要一百萬美元。

你需要那個人的認可。
你需要那個職位或升遷。
你需要特定的身型或尺寸，或外在長成特定的模樣。

當你的出發點是「需要」，而不是「想要」時，你會感到緊迫和絕望而去滿足那種需要。問題是，需要無法解決內在的痛苦，你不能夠依賴外在事物來解決。匿名戒酒會（Alcoholics Anonymous）的聯合創始人比爾・威爾遜（Bill Wilson）說過：「所有的進步始於說實話開始。」

但是當你處在落差心態中，你會避免向內看，盡量不去面對讓你痛苦的事實。相反地，你不斷地向外尋找，想填補內心的空白。透過著眼於生活中的收穫，詹森在贏得金牌之前就已經很成功、快樂了。他不需要那枚獎牌才能快樂。他已經到達那境界了。他已經成功了。

就算沒有獲勝，他仍然很成功和快樂。輸掉那場比賽不可能讓他成為失敗者，因為在他心裡已經認定自己的人生充滿了收穫。正如著名的企業家與投資人納瓦爾・拉維坎特

（Naval Ravikant）所說：

「訓練自己變得快樂完全是內在的工作。根本沒有外在的進步，沒有外在的認證。你是和自己競爭——這是一個單人遊戲。」❻

幸福不來自於外在。

當你意識到自己就是目的地，幸福隨之出現。

你已經足夠好了，你擁有的已經足夠了。

你值得被愛。

你對自己所經歷的觀點和評判，絕對比別人的評判更重要。

到目前為止，你應該能夠從生活中的某些領域辨識出落差心態。

再者，身而為人，你應該也處於落差心態好幾次了，也許今天就有。

所以我們實際一點。本書會有一系列的練習和筆記，用意是要幫

「想要」的世界沒有匱乏

在「你想要」的世界裡沒有匱乏，因為這是一個創新的世界，而非索取的世界。想要的人會創造以前不存在的事物。

助你走出落差心態，進入收穫心態。現在就拿出紙筆，回答以下問題：

- 為了快樂，你覺得你「需要」什麼？

- 你以誰或什麼來衡量自己？

- 在你人生中的哪個時刻，你把某件事或某個人變成了一種「需要」，因而在生活中創造出不健康的落差心態？

認清你的熱情是強迫型還是和諧型

「『需要』和『想要』這兩個詞彙有著非常大的差異。當你需要某人的時候，你就失去了身為人的獨立性和主導性。相對地，想要，是學習怎麼愛一個人的第一步。需要和想要的區別在於相互依賴和愛的區別。」

——米可拉・羅玲斯（Michaela Rollings），知名部落客[7]

克萊姆森老虎隊（Clemson）四分衛、美式足球聯盟（NFL）頭號新秀崔佛・羅倫斯（Trevor Lawrence）在二〇二一年四月接受《運動畫刊》（*Sports Illustrated*）的採訪時表示：他「不需要」靠足球來肯定自己是個有價值的人，而且「生活中還有比足球更重要的東西」。羅倫斯在卡特斯維爾高中的教練喬伊・金（Joey King）說：「毫無疑問地，他是那種明天離開足球界也能活得好好的人。」

美式足球聯盟和媒體界的反應就很歇斯底里了，所有主流體育頻道，甚至各大媒體紛紛報導了此事。以羅倫斯的輝煌紀錄來看，他說出這番話令人震驚。畢竟，高中時羅倫斯就以五二勝二敗紀錄晉身五星級新秀，大學時期更以三四勝二敗紀錄成為該校有史以來最優秀的四分衛之一。

「他不是一名合格的競爭選手。」

「這不是即將贏得聯賽冠軍的人該有的心態。」

「如果羅倫斯沒有百分之百沉迷足球，就無法贏得聯盟級別的比賽。」

「如果你不自私、展現不擇手段的心態，我真不知道你能傑出到哪裡去。」❽

一般人認為，想要把某件事情做到最好，就必須全身心投入、沉迷其中，你「需要」喚起每一根神經的激情。從本質上來說，如果你想把事情做到出類拔萃，你必須對這件事抱持著病態的執著。

羅倫斯惹惱了全美體壇，因為他說的那番話基本上是在否定這個概念：他「需要」以一種不健康的、強迫性的方式去踢球，才有可能成為最好的球員。該事件隨著媒體發酵逐漸失控，引發軒然大波，羅倫斯決定在推特上澄清，他寫道：❾

「人們似乎誤解了我的情緒。我內心充滿動力——我和其他人一樣熱愛足球，甚至比其他人更強烈。很明顯，足球是我生命中的重中之重，我想做到最好，發揮最大的潛力，並且獲勝……」

「我對自己的職業道德很有信心，我喜歡磨練和追逐自己的目標，這點問任何與我相處過的人都知道。話雖如此，我對自己和我的信念很有信心。我不需要足球來肯定我是個有價值的人。我純粹熱愛這項運動，以及它所帶來的一切。」

在媒體大肆報導和羅倫斯於推特回應的幾天後，他出現在ESPN運動頻道的《首度報導》（*First Take*）節目中，與報導員史蒂芬・A・史密斯（Stephen A. Smith）進一步討論這件事：⑩

「我不需要去證明什麼，因為那不是我做事的方式。我有內在動機……我有目標、有抱負、有夢想，盡力做到最好。而這些只是來自我對這項運動的熱愛。」

「這就是我想傳達的訊息：我熱愛這項運動，不需要依賴別人來激勵我。這單純是內在動機，我不會把自己全部的價值都放在足球上……」

「如果不踢足球了，我會找其他事情做，我仍然會有美好的人生，享受我的生活。不過，足球是我心之所向。我樂在其中，從六歲開始我就熱愛踢足球，也是我永遠的夢想。而且，我真的相信沒有人比我更努力。」

「**我認為二者可以兼得。**人們總是想要二選一，但對我來說，最健康的想法是意識到足球不是世界的唯一，世界很遼闊，只是足球永遠是我生命中的第一順位……」

「**我重視的是長期**……我全身心投入，發揮最佳的表現，達到我對自己的期望，而不是別人對我的期望。」

羅倫斯展現了內在層次的幸福和高效能如何共同運作。事實就是這樣：羅倫斯不但是個健康快樂的人，而且研究證明，他的心態正是讓人發揮最大潛力的絕佳心態。[11][12]

從媒體和體壇誤解羅倫斯的話更能證明，大多數人、甚至是非常成功的人，都不理解快樂和高效能的原理。大多數的傑出人才或成功人士，都沒有學過要怎麼快樂。而且大部分人普遍認為，為了拿出最佳表現，你的字典裡不能有「幸福」和「平衡」。

這種錯誤的傳統觀點將自己置於落差心態中，不是達到最高水準的方法。帶著不健康的「需要」或「執著」，也不是達到最高水準的方式。羅倫斯的觀點完全正確，結果卻被徹底誤解，還受到責難。

想想羅倫斯的話：「我認為二者可以兼得。」他說「二者」的意思是：

一、極度專注於取得成功；

二、對你正在做的事情保持健康的超然心態（detachment）。

正如羅倫斯所說，他熱愛足球，他努力鍛鍊，他有決心要贏，但是他不需要足球。這就是他要表達的重點：你可以二者兼得。你可以百分之百投入某件事，同時又不需要它。

當你抱持著落差心態，你「需要」一些自己以外的東西。你的動機來自外在，你是被動地對外界發生的事情做出反應。不過當你抱持著收穫心態，你不需要任何外在的東西。你的動機來自內在，你把外界發生的事情當成改變和提升自己的機會。

抱持落差心態的人，是由一種不健康的「需要」所驅動；抱持收穫心態的人，是由健康和可選擇的「想要」所驅動。

心理學家把需要和想要的熱情分成兩種類型：強迫型和和諧型。[13]

強迫型熱情是一種衝動，由壓抑的情緒和未解決的內部衝突所引發。你對某件事癡迷到一種不健康的瘋狂程度，你相信你需要它，沒有它就不會快樂。強迫型熱情通常跟上癮有關。而且，當你對某件事產生強迫型熱情，你會忽略生活中的其他部分。你的癡迷占據了一切，你會做出短視近利的決定，並犧牲生活中的其他部分來得到你所癡迷的事物。

你對某件事癡迷或執著的瞬間，你就陷入落差心態了。

這些事物可以很大，也可以很小。如果每次爭論你都必須是「對的」那一方，你就陷入落差心態。如果因為事情沒有按照計畫走而讓你不高興，你就陷入落差心態。你根據自己想像中的理想狀態來衡量你的經歷或情況，而不是從經歷中學習並且樂在其中。

「想要」是一種能力

「從需要到想要的轉變是一種能力。你愈常做愈得心應手。沒錯，一開始都有風險，因為之前你總是合理化自己的行為，這種傾向已經根深蒂固成為習慣。」

研究指出，強迫型熱情會讓你無法保持覺察[14][15]。由於太執著於自己的癡迷，你很難活在當下，癡迷耗盡了一切，也讓你的內心充滿悔恨和衝突的刺痛。因此，強迫型熱情實際上會阻止你進入心流狀態，也就是無法完全沉浸在你的所作所為[16]。帶著強迫型熱情，你與自己和周圍的人都脫節了。

此外，強迫型熱情也與低自尊有關[17]。如果你覺得「需要」某些東西才能完整或快樂，那麼很明顯，你認為此刻的自己還不夠好。你陷入了屬於你自己的落差心態，然後試圖以執著且不健康的方式去填補你的所有差距。

羅倫斯沒想過要藉由「成為一名成功出色或知名的足球員」來填補自己的差距。如他自己所說，即使沒有足球，他依然是個有價值的人，他很快樂。羅倫斯活在收穫心態中。

另一方面，**和諧型熱情**的動機來自內在，是一種健康的熱情。如果你的心理狀態屬於和諧型熱情，你會控制這種熱情，而不是讓它控制你。你自發且深思熟慮地做事，而不是由被動與非理性所驅使。你有一個目標並朝著目標前進，而不是追趕「需要」。

如果這份熱情能提升你生活中的其他重要領域，讓你變成更好的人，那麼你會意識到自己擁有的是和諧型熱情[18]。和諧型熱情與心流狀態有關，心流狀態源於內在動機，這正是

和諧型熱情的核心——**你的表現源於熱情，而不是一種達到目標的手段**。[19][20][21]

羅倫斯對足球的熱情就是如此。正如他一遍又一遍強調的那樣，他踢球的動機源自內在，而非外在。他並未試著向任何人證明自己。如果他踢球是為了向別人證明自己，或是為了自我感覺良好，甚至是為了追求快樂，那麼他就掉入落差心態中，然後抱持著一種不健康的「需要」。

相反地，羅倫斯抱持著健康、和諧型熱情去踢足球，那是一種內在動機。他喜歡這項體育活動，自己有一套標準和期望，很可能比聯盟中的其他球員要高得多。

他決定自己的成功標準。

他決定自己能走多遠。

他控制自己的熱情。

這裡就出現了一個非常微妙和關鍵的區別：你可以「想要」

> **「想要」賦予你力量**
>
> 當你用「想要」的態度面對未來，換句話說，你已經掙脫「需要」世界的束縛，這代表沒有其他人該對你未來的進步與成功負責。

某樣東西，全身心百分之百地投入其中，但又「不需要」它。這是一個違反直覺的現實：**由於不再需要你想要的東西，你反而更有可能得到它**。你可以自由且順其自然地展現自我，卻不執著於結果。

當詹森不再需要金牌，開始珍惜自己的所有收穫時，那一刻，也只有那一刻，他才能在滑冰場上發揮出前所未有的高水準表現。

和諧型熱情與內在動機可以產生高恆毅力

在心理學中，恆毅力被定義為長期目標的熱情和毅力[22]。和諧型熱情與高恆毅力有關，強迫型熱情則不然。[23]

如果抱持著強迫型熱情，你只會著眼於短期利弊，你會強迫事情按照你要的方式發展。你追求的事物不是自己真心想要的東西，只是因為自己內在的問題沒有獲得解決，所以你執著於需要。最終不管有沒有得到了那項事物，你遲早都會把這種不健康的需求轉移到下一個目標上——享樂跑步機會一直跑下去。

與和諧型熱情一樣，內在動機與高恆毅力也有關，外在動機則不然[24]。如果你做著自己真正樂中的事，而且是為自己而做，那麼你就是擁有內在動機以及健康的熱情。

你不需要「強迫」事情發生或「證明」自己。

你玩的是長期的遊戲。

你玩的是自己的遊戲。

你沒有和其他人競爭。

你不用拿別人的標準來衡量自己。

從一九七四年開始（超過四十七年的時間裡！），丹在指導成千上萬名創業者時注意到一件事：大多數人的心理狀態都是身、心分離。不管他們現在成就有多高、生活品質有多好，他們總是希望自己站在「某個目標」的那一邊。

許多高成就者都很難「活在當下」。當然，人生有目標、有遠見、有動力很好，但如果總是坐這山望那山，你就是抱持著落差心態。讓自己看得長遠一點，能夠讓你享受活在當下。當然，你仍然有目標和願景，不過你也非常滿意自己的現狀。

你活在當下，你喜歡當下。
你熱愛自己的生活。
你讚嘆自己的收穫。
你珍惜身邊的每一件事和每一個人。
你是真正的快樂。

你熱中自己的努力付出與創造事物。你投入且專注，但不會坐這山望那山，只為了填補內在未解決的需要。做自己熱愛的事，對自己生活的走向充滿信心。

待在當下並不代表你沒有目標或抱負。事實恰好相反。把自己從不必要的「需要」中解放出來，你才終於能夠創造想要的進步和生活。你很清楚就算沒有這些目標，自己早已是完整的人。由於可以完全自由地得到想要的東西，所以你會更容易得到。

正如美國作家佛羅倫絲・辛（Florence Shinn）所寫的：「信心知道它已經被你接受了，並採取了相應的行動。」[25]

你全然處於平靜中，之所以能夠活在當下，是因此你已經在「那裡」了。這種「身心分離」的覺察，明顯地改變了我和妻子蘿倫的生活。身為一位進取且目標導向的人，我經常發現自己「人」在當下，「心」裡卻希望自己去追求別的事物。我很難真正欣賞自己的進步，心思也很難專注在我的生活和家人身邊。

但是從丹那裡學到了落差心態與收穫心態之後，我意識到自己一直處在落差心態中，而且經常如此。

我的行動是出於需要，而不是想要。

我覺得自己需要達到「下一個成就」，才能獲得快樂和成功。

這種強迫性和外在動機的確讓我達成了很多成就，但我並不快樂。我沒有追求與內在一致的目標和優先事項，我還在努力證明自己，而且我與自己、以及我與最重要的人脫節了。

一天晚上，我和蘿倫聊起了「我人在這裡，卻望向別座山」的情況。我們住在佛羅里達州的奧蘭多，共同養育六個孩子，比較大的三個分別是十三歲、十一歲和九歲。在我的規畫中，全家還要在奧蘭多住二到三年，直到我的職業生涯達到特定目標，之後我會換個地方繼續發展。因此，搬到奧蘭多當時，我心裡認為這裡只是臨時的落腳之處。

在我思考過「身心分離」的觀念後，我問蘿倫，她認為怎麼做對我們家才是最好的選擇。她覺得如果我們能待在奧蘭多，直到九歲的孩子十八歲高中畢業，這樣才是最好的選擇。

我思考這個想法時，彷彿經歷一輩子那麼漫長。我真的有辦法在接下來九年都住在這間房子裡，繼續做著現在的工作直到二〇三〇年嗎？我不斷問自己，我允許自己放棄「另一個」需要的目標嗎？如果接下來的九年，我一直待在這裡又會如何呢？我思索著。

哇，我從來沒有感覺如此自由。這就是我想待的地方，我完全可以在這裡做著自己正在做的事，看看我可以自我擴展到什麼程度。我再也不需要試圖追趕另一個目標了。

我在這裡。

「想要」能創造豐盛

在「想要」的世界裡會產生創意和革新，而帶來豐富的資源。

我熱愛我身處的地方。
我進入收穫心態。
我知道我可以繼續創造進步。

當你抱持著落差心態，你會拚命想達到下一個目標，因為你總是試著逃離當下。你一直坐這山望那山，身心無法實際處在此時此地。當你抱持著落差心態，你不會考慮長期的目標，你只是衝動地試圖填補未解決的「需要」。

相反地，當你抱持著收穫心態，你不再需要盲目追求了。這不代表你沒有遠大的目標，只代表你完全「活在當下」，你就待在你想去的地方，而且著眼於長期目標，不但熱愛自己現在擁有的一切，也樂中於任何你想去的地方。你活在當下，你不需再坐這山望那山了。你的身心都活在當下，哪都沒去。

透過著眼於長遠的目標，你設定了自己的路線，不再擔心別人怎麼看你，不再尋求別人認可你的生活方式，不再試著拿別人的成功標準來衡量自己。相對地，你自己決定成功的意義，你選擇自己要過的生活。而且，你也會意識到自己已經過上你要的生活了。你自由地過生活，收穫心態創造你想要的自由。

記住，落差心態讓你成為不健康需求的奴隸。落差心態讓你成為坐這山望那山的奴隸，讓「當下」成你拚命要逃離的牢籠。

好，是時候快速練習了。拿出你的筆記本，回答下面的問題：

- 在你的生活中，哪個部分有強迫型熱情？如果有的話，你是想滿足什麼未解決的內在需求？

- 在你的生活和工作中，有哪些部分是你熱愛的？

- 你的長期遊戲是什麼？當你思考長期目標時，你是在做自己熱愛的事。你做這件事不是為了追求下一個目標。

● 你是否有足夠的時間空檔可以放慢腳步，真正享受當下時光，還是你總是試圖快速地追逐「下一個」目標？

● 審視你現在的生活，你能想到的所有收穫是什麼？

● 如果為自己做個長期計畫，目標的優先順序會如何調整？

「自由是當下的選擇。」

——吉杜・克里希那穆提（Jiddu Krishnamurti），印度思想家

◉擁有更高層次的自由，你可以自己選擇你想成為什麼樣的人

在經典著作《逃避自由》（*Escape from Freedom*）中[26]，艾瑞克・弗洛姆（Erich Fromm）定義了兩種自由：

一、擺脫的自由（外在）；

二、行動的自由（內在）。

擺脫的自由是不做任何人的奴隸，活在自由國度，不受任何的脅迫與強制。換句話說，你的個人選擇或行為不受外部的約束，比如饑餓、環境因素和不公正的法律㉗。行動的自由是自己能夠做選擇。你有選擇的能力，你有多種選項可供選擇，同時也有勇氣做出選擇㉘。

你是在合適的時刻控制和指導自己生活的人。

你擁有全部的所有權。

你不會仰賴自己以外的人事物。

你行使自由意志與選擇。

你的行為是基於想要，而不是需要。

舉例來說，擺脫的自由是外在的：你免於饑餓。行動的自由是內在的：你可以自由選擇要吃什麼。擺脫的自由是沒有障礙：你不是某人或某事的奴隸。行動的自由是擁有主導權：你是自己的主人。

擺脫的自由是客觀與外在的：如果你生活在自由國度，你擁有客觀的自由。例如：野生的大象比動物園的大象有更多的外在自由。行動的自由是主觀的和內在的：你覺得自由，這就是主觀的自由。比起世界上的其他國家，美國公民享有大量的自由——雖然這種自由顯然不完美。

然而，儘管擁有大量、不受限制的自由，人們還是很難勇敢地抓住行動的自由，成為自己真正想成為的人㉙。在美國，人們背負著太多期望和理想，這可能會阻礙內在動機。行動的自由建構在擺脫的自由之上，所以擁有了擺脫的自由表示你已經排除了外部障礙，可以自由行動了，接著你應該問自己：「好了，我現在要做什麼？」

創造自由環境是人類的一大目標，你確實根據了自己的選擇過生活而不受強迫。遺憾的是，很少有人願意跨入更高層次的自由。

心理學家亞伯拉罕・馬斯洛（Abraham Maslow）的需求層次理論，是另一種表達自由的方式㉚。在馬斯洛的需求層次中，較低的層次是擺脫的自由——比如免於饑餓、危險、自然災害、社會孤立，甚至是缺乏自尊。馬斯洛需求層次的最高層——自我實現——就是另一種表達方式，你可以自由選擇你想成為什麼樣的人。

「理想」不是用來衡量的

「理想無法衡量。它是一種情緒、心理和智力領域的動機，不可用來衡量。」

你完全自由，根據馬斯洛的觀點，這是全人類最崇高的目標和願望。你已經將自己從內在和外在的限制中解放出來，這些限制不能再阻止你擁有自主權和選擇。那麼，現在要問的問題是：

你要選擇什麼？

你想要什麼？

當你抱持著落差心態，你的行動不是出於自由和選擇，而是發自缺乏或需要的心態。本章末我想重申，抱持著落差心態，表示你還在努力擺脫某些事物，你試圖填補落差。只有收穫心態會給你自由。你必須擺脫落差心態，這正是本書邀請你採取的第一步行動。

把自己從落差心態中解放出來；把自己從缺乏或需要中解放出來。

除非你擺脫落差心態，否則你永遠無法有自主權和行動能力。

除非你走出落差心態的黑洞，否則你永遠不會感到成功。

一旦你走出落差心態，你就到達「行動的自由」的階段，在這個階段，你才真正能成為任何你想成為的人。

原因很簡單，你處在收穫心態中了。

重點一次看

- 落差心態來自一種不健康的「需要」或對外在事物的依戀。
- 落差心態表示你仍在試著擺脫某些事物，在你擺脫之前，你無法快樂。
- 當你抱持著落差心態，你逃避待在「當下」，總是在追求「下一個」目標的路上——但從未有真正的目的地。
- 收穫心態來自你與想要的東西和諧一致，並且明白你並不需要它。
- 當你抱持著收穫心態，你根據內在動機和和諧型熱情過生活，這創造了心流和高效能。
- 當你抱持著收穫心態，此刻你是完全的自由與快樂，你能夠百分之百投入，追求你想要的事物，不會有不健康的依戀。

2

勇於自我決定——定義你自己的成功標準

「用你自己的方式定義成功，用你自己的規則實現它，建立你引以為傲的人生。」

——妮．斯維尼（Anne Sweeney），美國企業家，迪士尼頻道前聯合總裁

我和蘿倫有位朋友是即將高中畢業的高三學生。她上了五門先修課程，然後將自己的藝術作品拿去參加知名的藝術競賽，每天晚上她都壓力大到失眠，祈禱有一所好大學能「錄取」她。

她等待被「選中」。她把自己的「成功」和「價值」交到自己根本不認識的人手中。她把「被一所好大學錄取」變成了一種強迫性且不健康的「需要」，而不是「想要」。如果沒有被她認為的好大學錄取，就會覺得自己是個失敗者。

換句話說，她處在落差心態中。才十七歲的她，就深陷享樂跑步機。她能扭轉這種不

健康的奮鬥嗎？公共教育及其各種教育方案，培育出的到底是成功還是服從？

賽斯・高汀和其他許多名人都曾公開說過，公共教育體制其實是在一九一八年發明的，目的是讓孩子們進入工廠❶❷。那時候，小至七歲的孩子就得去工廠從事繁重的活。而這種教育體系旨在培養孩子將來成為更好、更聽話、更有生產力、更順從的工人。

教育體系的目標絕對不是要讓孩子成為領導者或有創意的思想家，而是讓他們習於去做別人交辦他們的事，去尋找「正確答案」，而不是自己思考。正如賽斯・高汀所說：

「現行的體系教育，孩子坐直身體並服從指令並不是巧合——這是對未來經濟的一種投資。計畫是：用短期的童工工資來換取長期的生產力，讓孩子們從小就學習去做別人叫他們做的事情。」❸

公共教育系統可能阻礙創意和自主性的一個明顯成因，是成功的「衡量」方式。「參照點」就是評價和比較的標準。在學校裡，每個孩子的考試成績都要跟全國平均值的參照點相比較。換句話說，每個孩子都必須與其他孩子比較，並給出一個「百分比排名」，以顯示他們相較其他同學齡孩子的程度。

無論置身在任何領域或情境，「成功」總是根據一個特定的參照點來衡量。不過，只關注外在的參照點，會讓你掉入落差心態中。但如果你是根據內在的參照點來衡量自己，就能更常處於收穫心態中。

孩子們接受的教育訓練，就是用外在參照點來衡量自己。這些參照點通常不是由孩子自己選擇，而是由社會和教育系統選擇。

而且，在這些孩子的成長過程中，沒有人教導他們如何建立自己的參照點或「衡量成功的標準」。相反地，他們採用的是社會普遍認定的「成功」參照點——金錢、名聲、社群媒體點讚數……。所有這些參照點都是外在的，而且理想愈來愈遙不可及，人們必須拚了命地跟上外在的參照點，以及不斷變化的理想，結果生活卻充滿絕望和失敗。太多人把生命花在享樂

進步必須具體

「朝著目標前進的感覺讓我們開心，但要真正感受到進步，必須根據具體的事實來衡量。設定目標時必須明確，這樣才能知道什麼時候實現了目標——通常是達到了一個數字，或者發生了一件事。」

跑步機上，總在試著追趕別人的期望和自己認為的「快樂」。

不過，我們每個人其實都有衡量自己的參照點。現在，拿出你的筆記本，回答以下問題：

- 衡量你自己的參照點是什麼？
- 為什麼選擇這些特定的參考點？
- 這些參考點如何定義和衡量你的成功？

◉設定你的內部參考點，成為自我決定的人

「想要自由，你必須自我決定，換言之，你必須能夠根據自身利益來控制自身命運。」
——史丹佛哲學百科[4]

根據自我決定理論（Self-determination theory），動機和自我蓬勃發展的其中一項關鍵因素是自主性[5]。你對自己、你的環境和生活愈獨立、愈有主導權，就愈能夠自我決定。

自我決定表示你已經「把自己當做參照點」，而不是拿外在事物來衡量自己。自我決定表示你的動機來自內在，而不是外在。這並不代表你完全不採用外在因素，而是由你選擇要用哪些因素衡量自己。自我決定表示你已經決定了成功對你的意義，你不需要別人的許可才能追求自己想要的東西，你不需要為你想要的東西道歉。

這表示你很清楚你為什麼想要。

這表示你不再與其他人競爭。

雖然著眼於收穫心態能帶來自我決定，不過在現實世界裡要自我決定卻很難。外在的噪音和干擾永不止息，讓你幾乎無法認真地把自己當成參照點，跟隨內在的羅盤走。由於長久以來的公共教育制約了我們，再加上，現今科技設計讓人沉迷上癮、控制心智，所以我們習於跟他人比較與競爭。[6]

社群媒體的設計邏輯，旨在讓人走進落差心態中。社群媒體利用科技技術創造出一種不健康的需求，讓人希望被接受、被按讚。經研究證實，社群媒體和錯失恐懼症（Fear of missing out，簡稱FOMO）密切相關[7]。錯失恐懼症的一大特徵是不斷探求別人的事。人們被訓練成一直「需要」知道別人在做什麼、怎麼做的，並且讓別人也知道自己在做什麼的模式。

活在落差心態中是一種極具毀滅性的生活方式。

關於社群媒體本身運作模式、及其讓人們走進落差心態的事實之

如何衡量收穫

「你無法真正衡量你的收穫，除非有一個達成數字或重要事件。你必須把收穫變成可量化和可證實的東西。」

外，其實還有另一項可能更令人不安的負面影響。那就是，當你抱持著落差心態，你用外在理想或參照點來衡量自己，而在大多數情況下，這些理想並不是你有意而為的選擇。社群媒體的設計很明確，就是在無意識中操縱人們的身分、欲望和行為。

說的直白一點，就是社群媒體阻止人們自我決定。在網飛（Netflix）的紀錄片《智能社會：進退兩難》（*The Social Dilemma*）中，這樣描述社群媒體：「如果你沒有花錢買產品，那麼你就是產品。」❽

電腦科學家、虛擬實境先驅杰倫・拉尼爾（Jaron Lainer）在《智能社會：進退兩難》中詳細解釋了這個觀點：

> 「這說法有點簡化了。這裡說的產品，是**讓你的行為和觀點，逐漸產生**輕微**且難以察覺的改變**。這就是產品。這是唯一的產品，檯面上沒有其他可被稱為產品的東西了，這是他們唯一能從中賺錢的方式：改變你的行為、你的想法、你是誰。這是一種漸進的變化，而且非常細微……」
>
> 「我們創造的網路連結已成為主流的世界，尤其是對年輕世代。然而，在那個世界

雙方產生連結時，唯一的獲利方式就是，透過一個偷偷摸摸的第三方付錢來操縱這兩個人。」

每一天都有數十億美元的資金花在操縱與改變你的想法、欲望和行為。你成功的參照點是別人「為你」打造的，而不是你自己創造的。如果你沒有花錢購買產品，那麼「改變行為」就是你得到的產品。

美國勵志演說家吉格・金克拉（Zig Ziglar）有句話說來貼切：「你的投入決定你的觀點，你的觀點決定你的產出，你的產出決定你的未來。」[9]你受到外在因素的細微影響愈人，愈容易處在落差心態中。你愈用理想來衡量自己，愈不會自我決定。

九〇％的人使用社群網站是為了與他人做比較，而且這些比較清一色都是「向上的社會比較」，也就是說，人們拿自己跟那些他們認為「高於」或「優於」他們的人比較[10]。難怪花在社群媒體上的時間愈多，自尊心會愈低落、愈憂鬱[11][12]。也難怪青少年的自殺率和成癮率直線上升[13]，他們人生的前半部分時間，大多被老師、父母、同儕，甚至自己拿去與他人比較。

任何形式的社會比較都會將你置於落差心態中。

拿自己和他人做比較會讓你進入落差心態。

和別人競爭會讓你進入落差心態。

這一切都與自我決定和內在動機抵觸，當你拿自己和別人比較時，你的動機來自外在，由外界來定義你。

你失去了自己的身分。

你失去了自己的羅盤。

你在追逐錯誤的理想，在落差心態中永無休止地奔跑，卻始終待在原地。

你的個人幸福取決於你用什麼來衡量自己。能讓你脫離落差心態的解藥，就是用收穫心態來衡量自己。更具體地說，就是衡量你自己的收穫與進步，而不去在意其他人。

這就是讓你能夠自我決定的方法：你有一個內在的參照點，不再拿自己和別人做比較。你只拿自己來衡量自己。你衡量的是你進步與收穫了多少，而不是你離理想還差多遠。

珊蒂・麥考伊（Sandi McCoy）是一位必須停止在意別人看法的人。她必須學會如何為自己定義成功、衡量自己的進步，並成為一位自我決定的人。

對珊蒂來說，這是一條漫漫長路。過去的六年裡，她從病態肥胖的一八〇公斤，減掉了超過一〇八公斤。她在自己的社群媒體平台上，真實地記錄了她這一路上遇到的困難，即使在減重四年後還是持續分享。

有很多觀眾看了之後批評她，說她胖，取笑她垂墜的皮膚。而她學會了無視那些酸民，她知道必須由自己來定義成功，也就是透過努力得到了那些收穫，但有時候她還是會因為和別人比較身材或體重而陷入落差心態中。她在Instagram上寫道：

「曾經有一段時間，我把成功建築在別人希望我成為的模樣上。我覺得自己總令人失望，尤其是減肥。直到我決定列一張清單，寫下我生活中真正想要的東西，我才終於能夠成功地實現我為自己設定的目標……」

「今天我記錄了卡路里攝取量、打掃房子、做了膝蓋運動、出門散步，還踢了足壘球。對某些人來說，這可能算不上成功的一天，但對我來說是。成功是由自己來衡量。

沒有人能設定你的快樂測量器。」⑭

珊蒂說的沒有錯，你必須成為替自己定義成功的關鍵人物，你自己決定「成功的一天」是什麼模樣。把你的參照點改成內在的，讓你可以衡量自己的進步。

我們再來做個快速練習，拿出你的筆記本，回答以下問題：

- 你是根據外在還是內在的參照點來衡量自己？

- 你有多常和別人做比較？

- 你花了多少時間在社群媒體上？

- 你能自由地自我決定嗎？

由你定義自己的「成功標準」

「困擾我們的，是我們定義成功的方式。」
——亞利安娜・哈芬登（Arianna Huffington），《赫芬頓郵報》創辦人[15]

迪恩・傑克遜（Dean Jackson）是一名行銷專家和創業者。二十年前，他對於「追尋成功」這個內在問題，突然有所頓悟。長話短說，他早年下了一個結論：「等到……的時候，我才算成功了。」這句話讓人們追逐錯誤的成功方式，而且永遠不會真正得到他們想要的生活。

迪恩決定改寫那個句子，把成功放在當下，新的句子是：「**當……的時候，我知道我當下是成功的**」，然後他列出了十項清單：⑯

一、我每天醒來的時候都可以問自己：「今天我想做什麼？」，我知道我當下是成功的。

二、我的被動收入大於我的生活需求的時候，我知道我當下是成功的。

三、我可以選擇住在世界上任何地方的時候，我知道我當下是成功的。

四、我正在做一些令我振奮又能發揮所長的事情的時候，我知道我當下是成功的。

五、我可以消失幾個月也不影響自己收入的時候，我知道我當下是成功的。

六、我的生活中沒有愛發牢騷的人的時候，我知道我當下是成功的。

七、我戴手錶只是出於好玩的時候，我知道我當下是成功的。
八、我沒有時間義務或最後期限的時候，我知道我當下是成功的。
九、我可以想穿什麼就穿什麼的時候，我知道我當下是成功的。
十、我隨時可以退出的時候，我知道我當下是成功的。

這個清單顯示了迪恩的個人成功標準，他的尺規由他創造，他可以自我決定。他經常回頭查看自己的清單，尤其是眼前有各種機會或選擇要做決定時。如果某件事情會剝奪清單中的任何一項，或與其衝突，他就會說不。

擁有自己的成功標準，讓迪恩可以根據自己對成功的定義做出明智的決定。他用這張清單來避免錯失恐懼症。任何情況、關係或機會，只要不符合他為自己設定的成功標準，他都樂於拒絕。

先欣賞自己的進步

「在你制定新目標之前，請先承認並欣賞自己迄今為止達成的進步和成就。」

你也試試看。花二十到三十分鐘，在不受任何干擾的狀況下，寫下你的答案：「當……的時候，我知道我當下是成功的。」

請盡量對自己誠實，沒有人能為你定義成功。定義自己的成功標準，你才能成為自我決定的人，這就是建立內在參照點的方法。由你決定衡量自己的標準。

靈活使用這張清單。把下方練習當成草稿，可以隨時編輯與改善。而且你現在對成功的定義，很有可能跟五到十年前不同⓱。

這是件好事！當然，未來的你對成功的定義可能又會跟現在有所不同。因此，不要認為你一定得遵循即將列出的這張清單。

這裡的重點是，你有了自己的成功標準之後，就知道該把自己的時間花在哪裡、該做什麼事。隨著觀點和經歷提升，你可以繼續調整、改善自己的「成功標準」。

你不需要像迪恩那樣寫出十個項目，不過我還是會為你提供十點的練習空間：當……的時候，我知道我當下是成功的。

一、

二、

三、

四、

五、

六、

七、

八、

九、

十、

跟迪恩「當……的時候，我知道我當下是成功的」清單類似的，還有「六個篩選問題」，由成功創業家和感恩專家李・布羅爾（Lee Brower）提出，他的教導已經有超過一億次觀賞。布羅爾透過回答六個問題來做為成功的篩選過程，協助他做出優質的決定。

下面是李的六個篩選問題，也是他個人的成功標準：

一、這個機會、個人、花費、冒險、經歷、關係、承諾等，是否與我的價值觀一致？（如果第一個問題的答案是「否」，那麼李就不會繼續問剩下的五個問題。如果第一個問題的答案是「是」，他會往下繼續做。）

二、這個機會（……等），是否會運用到我獨特的能力，讓我更強大？或者會擴充我的能力？

三、這個機會（……等），將如何造福他人？其背後是否有更大的志業或目標可以造福社會？

四、在財務領域，這個機會（……等）有意義嗎？

五、這是交易還是轉變？換句話說，這是獨立工作的機會，還是進入其他領域的門票？

六、如果我同意這項決定，那麼我必須要拒絕什麼？

捨棄藉口

「只要停止找藉口，你會發現，所有的精力都會以創造力、革新和合作的形式回饋到你身上。」

和迪恩一樣，這份問卷是李自己的決策標準。請注意，這裡的重點並不是要你採用迪恩或李的成功標準，如果你覺得受用，當然可以借鑒或直接拿來使用。不過，我提供這些清單的目的，是要讓你深入思考自己衡量成功的標準。

想抱持收穫心態的基本條件，是必須以自我決定的方式生活。你不再處於落差心態中，不再根據理想來衡量自己，而是根據你自己選擇的明確標準來衡量自己。

接下來，你要經常使用這些標準來做決定，讓生活向前邁進，並在前進的過程中定期回顧過去，評估自己的進步與收穫。這種跟自己的比賽，不再拿自己與他人做比較的生活，會產生一種沉穩的信心。

哲學家塞內卡（Seneca）稱其為「心境安寧」（euthymia），

改把理想當靈感

「看待理想的最佳方式，是將其當成創造目標的無限靈感來源。我們都像電影製作人一樣，把所有的記憶和想像力當做原始材料，製作出無盡的連續畫面。」

意思是「你走在正確的道路上，沒有誤入歧途，踏上被絕望迷失者踩過的混亂軌道中。」⑱

◉運用你的篩選系統，成功路上走得更快、更遠

「如果你做事經常過於投入或分散，請使用這條規則：當你對某件事沒有『天哪！太棒了！』的感覺，請拒絕。決定要不要做某件事時，你沒有『哇！一定會很棒！絕對會！快開始吧！』的強烈情緒，就說『不』。」

——德瑞克・西弗斯（Derek Sivers）⑲，作家、演講者、音樂家、製作人、創業者

英國划船隊自一九一二年以來再也沒有得過奧運金牌。從各方面來看，他們確實沒有好的訓練計畫。

然後事情突然有了變化。

在二〇〇〇年雪梨奧運之前，英國划船隊開發了一項實用的篩選程序，改變了這一切。他們從表現平庸的划船隊，進步到奪得奧運金牌。

他們發明了「一個問題」（one-question）篩選法，審視他們所做的每一項決定。這個問題讓他們能夠衡量所有的情況、決策和障礙——即使遇到大多數人都會脫軌的狀況，他們也能保持正軌。

做法很簡單，面對每一次決定或機會，團隊的每位成員都要問自己：**這會讓船跑得更快嗎？**

舉例來說，在訓練前一晚，你受邀參加深夜派對，**問自己：這會讓船跑得更快嗎？**如果答案是否定的，那麼這個決定就是否定的。想吃甜甜圈？**問自己：這會讓船跑得更快嗎？**

英國划船隊用這項單一標準做為他們的決策篩檢程式，迅速提高他們的團結、技巧、反射條件和訓練。他們擊敗對手，贏得了金牌。

就像英國划船隊一樣，在你運用這些標準的過程中，你的成功標準會變得更強大、有效。準備一份有效的成功標準清單，你就能據此輕鬆做出決定，特別是在你可能妥協的特殊情況下。

創造成功的標準

「想確保你能得到想要的結果，最簡單又最有效的方法，就是為你的目標創建一個成功標準清單。」

另外，要善於對不符合成功標準的任何事情說「不」。只要持之以恆，你會訝異自己迅速建立起來的信心和動力。你的成功標準就是你的火箭燃料。你愈常用、愈遵循，就能愈快到達你想去的地方。

再來做個快速的練習。拿出你的筆記本，簡化之前列出的成功標準。

- 你的成功標準是否著重在你當前想要的結果上？

- 建立一個簡單的問題篩檢程序，用來評估你所做的每一項決定。（例如：「這會讓船跑得更快嗎？」）你的篩檢問題是什麼？

要精確，不要模糊

「模糊會產生更多模糊，因此在描述你想要的結果時，必須精確。」

• 在接下來的三個小時裡，運用這個問題來篩檢一件事。你會檢視哪一件事呢？

重點一次看

• 外在參照點讓你無法感受到成功，因為無論你做了什麼，成功的標準總是在改變。
• 走出落差心態進入收穫心態，表示你已經為自己找到了參照點。
• 落差心態表示你的生活是由外在的人事物所決定。收穫心態表示你過著自我決定的生活。
• 當你的參照點來自內在，那麼不管其他人怎麼想，「成功」對你的意義，完全取決於你自己。

- 當你的參照點來自內在，幸福和成功永遠都在當下。

3

落差心態與收穫心態的複利效益——訓練大腦注意收穫心態

「有時最偉大的科學突破，來自有人忽視了普遍存在的悲觀情緒。」

——奈莎・卡雷（Nessa Carey）❶，英國生物學家

落差心態令人壓力倍增、負擔加重，甚至加速身體老化、侵蝕你的情緒健康。

落差心態是一種習慣，一個我們每天可能會陷入其中數百次的習慣。我們可以每天花幾個小時待在落差心態中——不開心、怨恨、後悔。但如果你待在落差心態中的時間不斷延長，落差心態的複利效應將大幅縮短你的壽命。

研究顯示，身體衰老的速度，有很大一部分取決於基因與壓力的相互作用。短期暴露在壓力之下，其實可以強化細胞的反應能力（即「良性壓力」）。良性壓力可以啟動人體

的防禦機制，延長壽命。然而，若長時間暴露在壓力下，人體系統會不堪負荷，必須進行代償和過度工作（即「惡性壓力」），導致壽命減短❷。

簡單地說：如果你持續承受壓力或沮喪，就表示你的身體正在損耗。落差心態的複利效應是不朽的，每一次你陷入落差心態，就是對自己的身體系統造成一次微創傷。日積月累下來，這些微創傷不斷增加，最終使你崩潰。反之亦然，待在收穫心態中，就能恢復、療癒、得到力量。

研究顯示，樂觀的人通常比悲觀的人多活十年以上❸。

我最喜歡拿一項關於幸福的長期研究當例子，這項研究追蹤聖母學校修女會的一百八十名天主教修女，她們全都出生於一九一七年之前❹。在她們成為修女的時候，研究人員請她們寫下自傳式的日記。

五十多年之後，研究人員開始整理這些日記裡跟正面情緒有關的內容。他們想知道能否從一名積極正向的二十歲成人身上，預測將來她的生活過得如何，以及壽命有多長。結果發現，那些日記裡記載了快樂的內容、明確描述正面情緒的修女，平均壽命比情緒較為負面或中性的修女長了近十年。到她們八十五歲左右，歸類在「最快樂」那組的修女，有九〇%還活著，而「最不快樂」那組的修女，只剩三四%還在世。

這項研究結果的差異非常明顯。在這些修女二十歲時，她們快不快樂，當然不是建立在她們認為自己能活多久的基礎上。反過來說，是因為她們很快樂，所以才活得比較久。

其他研究也顯示，不快樂的人比較容易生病。例如一項研究指出，不開心的員工平均每年多請十五天病假❺。

在另一項研究中，研究人員先評估受試者的快樂程度，然後再給他們注射感冒病毒。一星期後發現，那些研究開始時評估比較快樂的人，更能夠戰勝病毒。他們感覺良好，客觀症狀較少，也就是說他們打噴嚏、咳嗽、發炎或充血的症狀比較少❻。

你心理過濾各種經歷的方式，會塑造你對這些經歷的情緒和身體反應。現在有專門學科研究這領域：表觀遺傳學（epigenetics），證明我們對事件和情況的感知，決定了這些事件如何影響我們❼。

研究指出，真正造成你身體壓力和疾病的，不是事件的客觀特徵，而是你對這些事件的看法❽❾。你對一種經歷的解釋方式，影響了身體對該經歷的新陳代謝。

觀念影響生理。

有許多著名的研究都能證明這個事實，我在此提供兩項非常有趣的研究。

第一項研究發現，你對某一種肢體活動的信念，會影響你從這項活動中獲得的健康益處[10]。在這項研究中，受試者為八十四名從事飯店清潔的女性，她們先測量了各項健康數值，如體重、ＢＭＩ、腰臀比例、血壓等。

接著，研究人員告訴其中一半的受試者，說她們的工作是「很好的運動方式」，符合衛生部長建議的積極生活型態，還確實舉例說明為什麼清掃工作是很好的運動。至於另一半的受試者則沒有得到這樣的訊息，單純接受健康檢查而已。

雖然這八十四名女性的日常行為都沒有任何改變，但在研究開始的四週之後，「知情組」認為自己做了更多運動，她們現在把清掃工作定義為「運動」，這是以前沒有過的想法。相較於對照組，「知情組」女性的體重、血壓、體脂、腰臀比和ＢＭＩ均有下降。她們的身

「比較」讓你不快樂

「比較讓你不快樂，比較的世界沒有盡頭，如果你還想選擇這條路的話。」

體發生了變化，變得更健康、更苗條。

這一結果並不是因為她們改變了自己的行為，她們的行為根本沒有任何改變。這種生理變化只能用她們對自己行為的認知變化來解釋。進行這項研究的哈佛大學研究人員指出：「這些結果支持了這項假設，運動對健康的影響，有一部分，甚至全部是來自於安慰劑效應。」

在第二項研究中，研究人員則是發現，一個人對某種食物健不健康的看法，會影響身體的消化和反應[11]。

參與這項研究的受試者被分成兩組，一組人拿到「放縱」奶昔，標籤上寫著熱量是六百二十卡路里，脂肪含量高。另一組拿到的是「節制」奶昔，標示熱量為一百二十卡路里，富含各種營養成分。然而事實上，兩種奶昔的熱量同樣為三百八十卡，內含的營養成分也一樣。

為了測試奶昔的認知對身體實際產生的影響，研究人員在三個不同的時間點採集受試者的血液樣本。血液樣本主要用來測量腸胃胜肽饑餓素，這是身體能量不足的一個重要指標。當你的身體能量不足或空腹時，饑餓素會告訴大腦說你餓了，應該要吃東西了。吃完後，身體就會抑制饑餓素，向大腦發出飽足的信號⑫。

整個研究為時九十分鐘。第一個「基準線」是在受試者休息二十分鐘後，此時會抽第一次血液樣本。抽完後，研究人員會請他們看即將飲用奶昔上的誤導性標籤。在研究開始後的六十分鐘，會進行第二次抽血。接下來，受試者被要求在第二次抽血後的十分鐘內喝完奶昔。在他們喝完奶昔過後、第九十分鐘時，進行第三次抽血。

結果顯示，那些自認為喝了「放縱」六百二十卡奶昔的受試者，在喝完奶昔之後，血液中的饑餓素減少了。他們的身體認為自己飽了，他們也相信自己飽了。相對地，那些自認為喝了「節制」一百二十卡奶昔的受試者，血液中的饑餓素較高，表示他們的身體沒有飽足感。當被問及感覺如何時，「節制奶昔」組受試者表示他們沒有飽足感。

有趣的是，所有受試者喝的奶昔都一樣。由此可知，內容並不是最重要的，而是詮釋方式塑造了內容的意義和效果。所謂的詮釋方式，就是對經歷的看法或框架。

以創傷為例。兩個人的共同經歷，一人可能將其定義為「創傷性」的經歷，而另一人卻不這麼認為。經歷其實取決於人賦予的意義或框架。一旦你改變了詮釋方式，就改變了內容的意義。而意義決定了內容對心理和生理的影響。每個人在各種情況下，最基本的詮釋是衡量自己發展經歷的價值，他們認為這些經歷是正面還是負面的。

他們抱持著落差心態還是收穫心態？

如果你每天陷入落差心態幾十次或上百次，對心理和生理產生的負面影響會非常真實，落差心態對身體造成的影響有：沉重、焦慮、緊張、不快樂。收穫心態對身體則有實際正面影響：輕鬆、充滿活力、自由、建立信心。

收穫心態是檢視任何經歷時，最強大、最激勵人心激勵的詮釋方式。

快樂的修女比不快樂的修女多活十年，絕對不是因為她們的生活方式不同。快樂的修女只是單純將各種經歷認定或詮釋為一種正面積極的體驗，而不快樂的修女則將相同的經歷詮釋為負面或中性的體驗。

將一段經歷視為正面或負面的差異，就像將一杯奶昔視為六百二十卡或一百二十卡一樣。抱持著收穫心態，你會把生活中的每件事，甚至是艱難的經歷，都視為一種收穫。

你可能正在經歷一段煎熬難受、甚至壓力極大的時期，但只要你將其視為一種收穫，身體確實可以用正面方式處理這段經歷。人生中，或多或少都會遭遇一些嚴重難解的課題，但你仍然可以選擇如何看待它們。

以我的朋友傑夫為例，他最近離婚了。他根本沒想過自己會離婚，他對妻子百分之百忠誠，全心全意地愛著她。但他妻子決定追求另一種不一樣的生活方式，一種從根本上違背他們之前共同的信念和價值觀的生活方式。

傑夫花了將近十八個月的時間，試著改變他妻子的想法，但木已成舟，很顯然，離婚是唯一的答案。

傑夫想和現在成了前妻的她保持正向的關係。為了做到這一點，他必須明確地告訴她，她注重的是她自己私領域的經歷，而他注重的是他們過去的那一段關係。傑夫知道，他妻子在離婚前經歷了大量的情緒創傷和混亂，導致她的信念和性格大變。與其因為這些變化而遷怒於她，傑夫決定同情她。他看得出前妻有嚴重的心理問題。

他沒有責怪她；他沒有責怪自己。

他也沒有因事情的結果而自責。他相信自己用盡了一切努力來挽救這段婚姻，只是最終，他無法控制妻子已經改變的信念和目標。

出於幾個關鍵原因，抱持著收穫心態對傑夫來說很重要：他知道離婚是一件人生大事（結束將近十五年的婚姻），可能讓他的生活因此脫軌幾個月、幾年，甚至餘生都是如此。他不希望後續產生這樣的負面影響。他們共同生育了三名年幼的孩子，他想盡可能減少對孩子們的傷害。他對自己的婚姻毫無遺憾。他愛他的妻子。

儘管難過一切都結束了，不過傑夫也是一名虔誠的靈性之人，他寧願相信神為他準備了不同、甚至是更好的選擇。他希望妻子為自己選擇的新生活和旅程能有好的結果。他承諾要繼續愛她、尊重她，不只是為了孩子，也是因為他想愛她、尊重她。他選擇把整個經歷視為一種收穫。

十五年的婚姻是一場偉大而美麗的冒險，他絕對不會否定這件事，他們還生育了三名漂亮的孩子，這是他人生中最大的收穫。他不氣妻子的決定，因為他選擇了同理心和有意識的框架，用來解釋她為什麼會做出這樣的決定。

她不是「壞人」或「反派」。他選擇把她塑造成一位美麗、他深愛與欣賞的人，也是他不再有婚姻關係的人。

獨樹一格，不要比較

「與其專注於比較，你更應該專注於藉由你獨特的想法和經歷，創造出有價值的想法和行動。」

明確地說，這是傑夫有生以來最痛苦的經歷。但有時候最痛苦的經歷，可能正是最強大的巔峰體驗——讓你學到一些教訓，讓你清楚地正視自己想要的是什麼。

透過著眼於收穫心態，傑夫能夠以正面的方式（甚至帶著感激之情）去詮釋他的過去，並積極增加他對未來的期望。

他的人生沒有脫軌太久，也沒有委靡不振。他不覺得自己的人生「倒退」了，反而得到繼續前進的力量。抱持著收穫心態，他能夠承受這種人生巨變帶來的壓力，而且朝更健康、更好而不是更糟的方向前進。

抱持著收穫心態，不僅你會更快樂、能適應各種挑戰，還在過程中增加了健康和壽命。

現在，你已經理解了處於落差心態與收穫心態中的生理和心理影響，接下來，我將提供一些基本策略，在你不可避免地陷入落差心態時，懂得如何控制自己。你將學會如何快速回到健康平穩的收穫心態狀態。

停止與他人做比較，練習感恩是唯一的解藥

「比較是偷走快樂的賊。」

——老羅斯福（Theodore Roosevelt），美國第二十六任總統

落差心態無所不在，就連我二歲的雙胞胎女兒都會碰到。最近，柔拉（Zorah）想玩我家廚房裡的橡膠湯匙，我把六支全都給了她，不過她姊妹菲比（Phoebe）卻拿走一支，於是柔拉傷心欲絕。柔拉開始追菲比，迫切地想要回那一支湯匙。她無法珍惜手中那五支明明之前非常想要的湯匙，她只看到自己不能擁有的那一支。

柔拉處在落差心態中。

落差心態只會導致心理匱乏。

落差心態只會讓你不懂得感恩和慷慨。

柔拉不喜歡菲比拿著一支湯匙就能玩得很開心的事實，也不享受她自己的湯匙多到她雙手都拿不住的事實。柔拉只能看到她認為自己缺少的東西。

當然，我知道自己談論的是一名二歲小女孩，而且，沒錯，我知道從很多方面來看，這

種說法並不公平。不過，我想請你問問自己，有多少次，你看待事物的方式就跟一名蹣跚學步的孩子差不多。當我問自己這個問題時，我意識到這種情況比我願意承認的還頻繁得多。

幾天後，我們去迪士尼樂園遊玩，期間點了一些食物。我們點的一份兒童餐裡有一塊餅乾，於是我妻子蘿倫把餅乾分成四塊，這樣每個孩子都可以吃一小塊。等到我兒子吃完他的那塊之後，就開始抱怨說自己選到最小的那塊。他直接掉入落差心態中。

落差心態剝奪你享受生活。

落差心態讓你不懂得珍惜你已經擁有的一切。

落差心態完全扼殺了你所有的各種正面經歷或已經取得的進展。

在得到餅乾之前，餅乾是我兒子當時唯一想要的東西。他癡迷於那塊餅乾，甚至乞求能得到它，不管能擁有多少他都會很快樂。在得到餅乾之後，他馬上拿那一小塊餅乾與其他東西做比較——其他孩子正在吃的餅乾大小。他不但不快樂，他從那塊餅乾中得到的滿足感是零。

與其得到這種結果，倒不如不吃那塊餅乾，因為他的感覺比他得到餅乾之前更糟了。

在這兩種情況下，抱持著落差心態讓我的孩子無法真正意識到他們的處境確實好轉了。他們有所收穫，卻無法看見或感受到這種收穫，因為他們被落差心態吞沒了。他們都從「自認為應得」的東西中發展出一種膨脹的地位感。

柔拉看到的是她的湯匙從六支變成了五支，而沒有看到她其實是從〇支變成了五支，再加上菲比也得到了一支。拿到六支湯匙之後，她認為這六支湯匙都是她應得的，所以被菲比拿走一支湯匙這件事，侵犯到了她的地位和公平感⑬。柔拉變得情緒化、失去理智，無法意識到她已經得到了五支湯匙，反而因為那五支湯匙而痛苦不堪。

與其得到這種結果，倒不如沒有任何湯匙。在那個瞬間，她拿著五支湯匙的情緒，比一支都沒有的時候更糟。

我兒子也不感激他從沒餅乾到有了一小塊餅乾，而是用一種痛苦的方式來衡量自己的經歷。他掉入了落差心態中，覺得自己受到不公平的對待，並苦澀地羨慕著他的兄弟姊妹吃著比他更大塊的餅乾。他沒有擁抱自己的收穫。他拿自己的經歷和別人的經歷做比較。

參考經濟決策領域的研究，人們如果認為眼前的交易不公平，他們通常會拒絕交易，就算這樣做的下場只會讓他們一無所獲。⑭⑮⑯

研究指出，低情商的人對「違反公平」極為敏感⑰。他們期望一切事物「完全公平」或

「對他們有利」，否則他們不快樂——這種反應其實只為了得到他們想要的，或試圖證明他們可以掌控局面[18]。

很快地，他們對於自認為「應該屬於他們」的東西產生情感依戀，如果得不到就會崩潰。他們陷入落差心態中，是因為他們的「想要」變成了「需要」。就像所有的事情的發展一樣，對於情緒反應及對「公平」的不健康需求，最明顯的解藥就是「感恩」。

研究指出，心存感恩的人不會過度執著於公平或比較。相反地，他們可以做出明智的短期決策，即使結果對參與其中的各方不盡平等[19]。換句話說，感恩不但能夠對收穫心懷感激，還有利於做出明智的短期和長期決策。

讓我再解釋一次：專注於收穫心態，並不代表你是一個軟弱不堅定的人，也不代表你會接受不公平的待遇。

專注於收穫心態單純表示你珍惜你的收穫，當情況沒有照著你的劇本走時，你不會反應過度或陷入落差心態。你珍惜這些收穫，從各種經歷中學習，而不是情緒化地反應和執著於微不足道的小事。

現在來做個快速的練習吧。拿出你的筆記本，回答以下問題：

● 你是否曾經因為從想要某樣東西，演變成相信自己需要它而陷入落差心態？請敘述當時的情況：

● 你是否曾經因為拿自己與別人做比較而陷入落差心態？請敘述當時的情況：

● 你是否心存感恩地將某次經歷重新定義為收穫，並繼續前進？請請敘述當時的情況：

◉掌握落差心態和收穫心態的語言，等於有了改善人生的方向

「語言非常強大。語言不只描述現實，更創造了描述的現實。」

——戴斯蒙・屠圖（Desmond Tutu），南非聖公會大主教、人權活動家

一九九一年，柯琳・鮑勒（Colleen Bowler）創立了財務策略夥伴（Strategic Wealth Partners）理財顧問公司，當時的她一邊打離婚和撫養權官司，一邊撫養著三歲的兒子。公司開業頭兩年的收入符合所得稅減免資格，年收入約為一萬四千美元。接下來的每一年，公司營運愈來愈好，業務和團隊也不斷發展壯大。然而，多年來，儘管她一手建立了這家業績蒸蒸日上、獲獎無數的公司，甚至自己也成為了策略教練計畫的助理教練，但她從來沒有讚賞過自己。

每年，她都拿自己與所在領域的頂尖人士做比較，因此她從不覺得自己實際上已經成功了。

柯琳的重大轉變發生在二〇〇四年一月，當時一位團隊成員終於指出了她的盲點。每

年一月，她的團隊都會設定當年度的新目標。在年度目標會議之後，目標變得比前一年更高了，一位資深團隊成員問她說：

「為什麼我們從不慶祝過去的成功？去年我們達成了所有目標，結果這件事好像一點也不重要。現在，我們只關注接下來還要達成更高的業績。」

這位團隊成員的話柯琳聽進去了，於是，他們開始在每年一月舉辦派對來慶祝前一年的成功。效果立即可見，辦公室裡的每位成員快樂多了，畢竟感激收穫是最實在的行動。

大約也在那同時，柯琳對她十幾歲兒子的在校表現很不滿意。結果兒子告訴她說：

「媽，你知道嗎，永遠都是不夠好。對你來說，什麼都不夠好。真正的原因是你永遠都對自己不夠好。」

兒子點醒了她，這段話讓柯琳深刻反思她的人生。柯琳的兒子、她的團隊成員都說了同樣的話。她開始反思為什麼她的人生總是什麼都不夠好。終於，她允許自己，允許自己享受快樂。

她擺脫了落差心態。

她開始能夠慶祝自己的收穫，而這行為也使她感受到快樂。漸漸地，周圍的人也更快樂了，因為她終於能夠脫離無止盡的「我需要達到下一個目標」才會感覺自己有價值。她開始欣賞自己與他人的成就，開始為自己和他人感到驕傲。

關注這些收穫並沒有阻礙她的個人生活和事業繼續成長與進步，事實正好相反，當落差心態的重擔不再往肩上壓，她更能加快成長與進步的腳步。

同情自己和欣賞自己很重要。

未來的日子裡，你偶爾還是會掉入落差心態中，不過現在你掌握了落差心態與收穫心態的框架和語言，你可以在看到它們的時候調整自己的心態。

在我寫這本書的時候，我的編輯塔克・馬克斯就提醒了我好幾次，說我陷入了落差心態。就像是今天早上，我寄了一封電子郵件給他，告訴他我對這本書的「理想」，他回應說：「嗯，你現在抱持著落差心態還是收穫心態？」

幾個星期前，我在車庫打掃的時候整個人掉進了落差心態。我家孩子們非常喜歡做勞作，熱愛使用工具建造東西、拆解東西，再把它組裝起來，所以車庫有時候看起來就像垃圾場。

車庫打掃到一半，我兒子從門口探出頭，用正向樂觀的語氣對我說：「看起來很不錯耶，老爸！」不知道為什麼，但我拿起某樣東西扔在地上，咕噥道：「為什麼車庫總是亂七八糟啊？」他不知道該說什麼，只能靜靜地關上門。「好的，老爸。」

奇怪的是，在他探頭進來之前，我的心情根本沒有不好，我完全沒事。但我卻反射性地陷入落差心態，或者說，我已習慣成自然了。他離開之後，我坐在那裡，想著：

「我到底在做什麼？我來打掃車庫是出於我想這麼做。為什麼我會陷入落差心態？兒子很欣賞我的進步，他一直在鼓勵和支持我！」

衡量你自己的進展

「只衡量你個人的進展，能讓你遠離與他人做比較。」

一進入落差心態，我就貶低了自己的進步和清理車庫的努力，同時拒絕了我兒子強化正向的力量。與其因陷入落差心態而感到羞愧，我馬上叫住兒子並向他道歉。我擁抱他，感謝他給我的鼓勵話語。「對不起，我用落差心態對待你。」我說。

他感謝我的道歉，這成為了一個重要的時刻，幫助我們兩人更認識落差心態的黑暗面，也幫助我們保持在收穫心態中。這次經歷也讓我們走得更近了，因為我兒子親眼見到我犯錯時勇於承認，並且迅速以道歉來解決問題。

如果你在某人面前露出落差心態，馬上制止自己並道歉。不要小題大做，我們都是人。只要走出落差心態，回到收穫心態就好了。

「哎呀，我進入落差心態了。對不起。」一旦你有了描述這種情緒的語言，你看待這個世界的方式就不一樣了。

當你處在落差心態中，你會看到自己的落差；打開電視時，你會看到自己的落差；在對話中你會聽到自己的落差。

而且，你會開始留意到自己常因一些事情陷入落差心態，也許接下來的二十分鐘裡就會發生。好在現在你有了落差心態與收穫心態的語言，你可以使用這個神奇的工具來改善你的生活。

請在下面這些情境開始使用落差心態與收穫心態的語言吧：

- 當你發現自己陷入落差心態時，馬上把自己拉出來，立即尋找並說出你的「收穫或進步」。
- 把落差心態與收穫心態的概念告訴五位你認識和喜歡的人。你也可以送他們這本書，讓他們生活更充實。
- 當你陷入落差心態時，允許這五個人指正你。
- 幫助其他人更常看到和欣賞他們自己的收穫，你可以（一）詢問他們最近的進展，（二）指出他們的進展。當有人發現或指出你的進展時，那是一種令人謙卑又強大的力量。去當那個看見他人收穫與進步的人。
- 當你遇到困境時，幫助自己和他人尋找收穫。與其心煩意亂，你可以問：「這件事有什麼收穫與進步？」或「我們如何將其轉化為收穫？」

增加快樂與感恩的心理減法

「有沒有一種好方法可以讓你『不去習慣』正面的事件？
也許想像正面事件都不存在會有用。」

——顧明詠（音譯，Minkyung Koo）、莎拉・艾葛（Sara Algoe）、提摩西・威爾遜（Timothy Wilson）、丹尼爾・古爾伯特（Daniel Gilbert）[20]

法蘭克・卡普拉（Frank Capra）在一九四六年導演的電影《風雲人物》（*it's a Wonderful Life*）[21]中，男主角喬治・貝禮正往橋下跳來結束自己的生命時，一名叫克拉倫斯的天使出現在他面前。

為了阻止喬治自殺，克拉倫斯決定帶著喬治展開一場心靈之旅，看看如果喬治沒有出生，世界會是什麼樣子。與其讓喬治回顧過去生活中的所有美好，克拉倫斯選擇讓喬治看看如果他沒有出生，世界會發生的所有漣漪和影響。喬治看到一個少了「他所擁有的一切美好」的世界。藉由想像他人生中所有美好的事物不復存在，以及他從未出生所造成的負面影響，喬治意識到，生命中的美好事物其實罕見又珍貴。

他的人生觀立刻改變了。

心理學家運用這個觀點進行測試——一種稱為「心理減法」（mental subtraction）的概念，想像生活中沒有了原本存在的美好事物，你會不會更懂得珍惜。結果很明顯，在增強感恩和快樂的研究領域，心理減法是最有效的科學方法之一[22]。

確實如此，研究顯示，想像生活中沒有了某件正向積極的事，對你的影響會比單純回顧那件事情還要大。同樣地，想像一位對你意義深重的人在生命中缺席，比單純珍惜他們活在你生命中更有力量。

另一項研究也發現，在心裡減去你曾經很喜歡的某樣物品，比單純回想你買下那樣物品時的情緒與感受，更能增加你擁有它的幸福感[23]。研究同時指出，在戀愛關係中，那些做完心理減法練習，想像從未遇見另一伴的人，對情感關係的滿意度會高很多[24]。

假設現在你失去了健康呢？

或你馬上不能走路了？

還是眼睛再也看不見了？

現在想想你生命中一個非常重要的人，假如那個人現在過世了？

或者，如果你從一開始就沒有遇到那個人呢？

你的生活會有多大的不同？

對我來說，想到從未遇見我妻子，我就覺得糟透了。光想到這種可能性，我就難過，讓我更感激她出現在我的生命中，讓我們擁有一段充滿愛和忠誠的關係。抱持著收穫心態，你會珍惜生命中的一切，包括一路上的進步。抱持著收穫心態，你是用以前的狀態來衡量現在的你，你把生活中的一切都視為一種收穫。

所有人都會遇到同一個挑戰：把自己生命中的一切視為理所當然。這就是為什麼心理減法會如此強大。藉由想像生命中重要的人事物不存在，你能真正開始感恩自己擁有的一切。藉由想像你最大的成就或進步從未發生過，你可以看到自己實際上已經走了多遠。

與其用武斷且不斷變化的理想來衡量自己，不如用收穫心態審視自己，這些是你在現實世界中實實在在擁有和經歷過的。現在就花一點時間開始關注你生命中的收穫與進步。

接下來，練習在心裡減去一些對你來說重要的事情。步驟如下：

一、拿出紙和筆。
二、選擇一件具體的人事物：可以是一段關係、一項成就、你的健康、一項資產等。
三、想像一下，如果你從未擁有過那樣東西，或者你此刻永遠地失去了那樣東西，你的生活將會怎麼樣：

- 想像一下，失去它你現在的生活有什麼影響？

- 想像一下，失去它對你的未來有什麼影響？

- 對其他人會有什麼影響？

四、寫下你的人生會有什麼不同。

五、現在，重新關注當下，以及你生命中一直很重視的東西。這樣東西就是你生命中的重大收穫與進步。

- 比起現在，你該如何更加珍惜這個收穫與進步？

- 你如何把這個收穫與進步變成更多收穫與進步？

- 透過這個練習，你對這樣東西的想法和感受產生了什麼改變？

- 你覺得現在的生活大致上怎麼樣？（有比較快樂、心存感激嗎？）

六、重複一遍：選擇另一項具體的人事物：東西、事件、資產、成就、健康或人。

某天，我們全家人一起晚餐，蘿倫和我讓孩子們用心理減法來做思考實驗。我問他們：「如果每次你們掉入落差心態，我們就把你們抱怨的那樣東西拿走，怎麼樣呢？」「如果你們抱怨滑雪，好，那就不滑了。抱怨iPod，好，沒收了。抱怨晚餐食物不好吃，好，什麼也別吃了。如果我們把讓你們陷入落差心態的所有東西都拿走，你們還剩下多少東西？」

他們回答：「沒多少東西了」。

這是一個簡單的思考練習，但我們可以從孩子們的表情看出，這樣的練習強而有力。現在，他們抱持著收穫心態和感恩，連態度都好很多了。

想像一下，如果你會立刻失去讓你陷入落差心態的東西，情況會如何？

你抱怨你的工作：你馬上丟了工作。

你抱怨你的房子：房子立刻消失了。

你因為孩子犯了錯而生氣：現在他們從你生命中永遠消失了。

這做法並不表示你不用了解真正的問題所在，或是不再需要努力讓事情變得更好，這只是一種方法，讓你知道自己有可能失去正在抱怨或沮喪的東西，然後你會了解失去之後的感受與影響。

值得慶幸的是，在現實世界中，我們並不會立即失去讓我們掉入落差心態的東西。但我們確實破壞了它。我們破壞了自己的經歷，而且如果這項經歷與其他人有關，我們也傷害了他們。

我們太常陷入落差心態了。我們因為自己而陷入落差心態，貶低毀損自己。我們因為其他人而陷入落差心態，把他們變成問題或敵人。因為我們太常陷入落差心態了，或許現在正是停止抱怨的好時機。

你會離開落差心態嗎？

◉擬訂掉入落差心態的應變計畫，就能順利回到收穫心態

「有個辦法可以讓你成為樂觀主義者，那就是擁有應付所有意外狀況的應變計畫。我不再擔心很多事，因為就算狀況發生了，我手邊有應變計畫。」
——蘭迪・鮑許（Randy Pausch），《最後的演講》（*The Last Lecture*）作者[25]

從一九八四到一九八八年，金・巴特勒（Kim Butler）是普林西比亞學院（Principia College）的大學女子足球員。普林西比亞是一所小型學院，再加上當時女子足球隊是個新概念，所以這支球隊的成員是以前幾乎從未踢過足球的女孩。

由於球隊的大多數成員都沒有嫻熟的技術，所以教練專注於兩項關鍵指標：

一、心態；

二、跑步的能力……一直跑下去就好。

在最初幾場比賽中，這支烏合之眾被對手打得落花流水。每次輸了球，球員情緒就很低落。但是教練有個規定，他只允許她們情緒低落五分鐘。她們有五分鐘的時間待在落差

心態，然後必須繼續向前邁進。

因為沒有更衣室，所以比賽結束後，滿身泥濘、大汗淋漓的球員和教練得直接坐上巴士，搭一、二個小時的車回到普林西比亞。一上車，教練開始倒數計時五分鐘：

「好了，妳們有五分鐘時間生悶氣。」

在這五分鐘裡，巴士裡一片死寂，每位球員都因比賽慘敗而絕望沮喪。五分鐘到了之後，教練會再繼續設定十分鐘。在接下來的十分鐘裡，他會讓大家談論比賽中發生的好事，幫助球員關注正向的事情。

他藉由直接迎向收穫心態來解決落差心態的問題。十分鐘到了之後，教練會再設定二十分鐘。在接下來的二十分鐘裡，他讓每位球員指出另一位球員在比賽中具體做出的一件好事。

等這二十分鐘結束之後，教練便不允許她們再談論那場比賽。他幫助她們根據過去的表現衡量自己，然後，將這次經歷當成一種收穫或進步之後，就讓一切過去了。不要再提那場比賽，繼續進行下一場足球訓練。

訓練期間也常常遭遇球員情緒低落、受挫、意志消沉等，如果她們又掉入落差心態，教練也會給她們五分鐘的時間，請她們先離開球場，等到情緒明顯走出落差心態時，再回來繼續練習。

透過訓練足球員保持在收穫心態，並專注於她們最能夠控制的指標（心態和耐力），球隊開始獲勝。一九八四年的上半年，她們輸掉所有比賽。然而到了下半年，她們贏得所有比賽。最後還贏得當年度全國大專體育協會二級聯賽冠軍！

她們用一個非常簡單的策略贏得了冠軍：允許自己待在落差心態中五分鐘，然後立即轉為關注收穫心態。一旦她們將自己的經歷定義為一種收穫與進步，就可以繼續進行下一場練習，然後再下一場練習，接著是就是贏得比賽。

十年後，金成為了成功的創業者，經營著一間理財顧問公司。當她學習到落差心態這概念和語言時，她意識到自己早已不再練習足球教練

你要百分之百地保持紀律

「你要百分之百、有紀律地遵守現有的好習慣。」

教的處理原則，而這明明對團隊邁向成功至關重要。

身為一名年輕的創業者，金也養成了用不斷成長的理想來衡量自己的壞習慣。她終於明白自己為什麼沒有感覺到自己的成功與快樂。因為她沒有用過去的狀態衡量自己。她待在落差心態太久了。

她開始重拾收穫心態，用過去來衡量自己的進展，並馬上得到快樂和信心，自己也更成功了。

現在，她的理財諮詢方法都建立在收穫心態的基礎上。她不是幫助客戶專注於預算或淨值，這兩項都是目標性的指標，她是幫助客戶專注於他們存了多少錢，從投資中賺了多少錢，而這兩項都是衡量進展的指標。金會問這樣的問題：

- 在過去的九十天裡，你存了多少錢，所以現在你有這筆錢以備不時之需？
- 在過去的九十天裡，你從投資中獲得了多少收入？

這就是用「數字」測量進步的程度。這就是專注於實際有形的東西，並且不斷增加可衡量的方式。金就跟所有人一樣，還是會陷入落差心態，但她只讓自己待在那裡五分鐘，然後五分鐘一到，她直接轉為專注於收穫心態。

只有當你在收穫心態時，你才能繼續前進。抱持著收穫心態，是你對生活和結果負責的方式。你接受現狀，拍掉身上的灰塵，微笑著繼續前進。

在表現心理學中，有一個概念叫做執行意圖（implementation intentions），這種策略就是為最壞的情況做打算──如此一來你就能發揮最佳表現[26]。有執行意圖的人，會特別針對事情失敗或出錯的狀況提前擬訂計畫，除了設想會有哪些障礙和挫折之外，也會預先計畫如何應對這些障礙。

比方說你正在節食，好的執行意圖是預先設想，當你看到最喜歡的垃圾食物，或是當你遇到壓力而觸發大吃甜食的癮頭時，你該怎麼反應。

這是一個簡單有力、務實有用的策略。研究證明，應用執行意圖可以提高自制力，即使是處在不利的環境中[27]。

你不用耗盡意志力，或眼睜睜看著自己失敗，因為你已經設想過各種情況，有了一套預先計畫好的反應。只要預先計畫好如何應對障礙，那麼實際遇到這些狀況時，你就不會受到誘惑而破壞原訂目標。

每當人們不確定自己該如何做決定時，大腦會出現決策疲勞，換句話說，當你面對幾種選擇而左右為難時，由於難以抉擇，所以你更容易屈服於較誘人的選項[28]。這種時候，有一個預先計畫可以讓你保持清醒，看清自己的意圖，避免因決策疲勞而導致意志力枯竭做錯選擇。

你清楚自己該做什麼。若是眼前出現了與目標衝突的選擇，你也有一個簡單的應對計畫。不管什麼樣的狀況，都要預先準備好應對計畫，應對內容只要有（一）情境，（二）你要做出什麼樣的具體反應就可以了。

舉個例子，假設你正努力戒糖，那麼你可以預先計畫好，在每次想吃甜食的時候，你應該做出什麼反應。也許你的計畫是，當想到甜食或受到誘惑想吃甜食的時候，你要把甜食放下並做十個伏地挺身。

剛開始，你可能會違背目標一、二次。但如果你堅持運用預先計畫好的反應，你就會去做伏地挺身而不是吃甜食。

執行意圖的目標是把日積月累的行為變成習慣，也就是說，你會把預先計畫的反應轉變為一種新的習慣，之後比較不容易被舊有觸發因素所影響。

足球教練的五分鐘規則，就是執行意圖的有力實例。教練知道球員總會時不時地進入落差心態，尤其是輸掉比賽之後，所以他不會追求完美而要她們永遠不再進入落差心態。教練不是為未來的「理想情境」做計畫，而是為了事情不如預期時，先準備應對計畫。他如此訓練球員，讓她們知道時間一到就得回到收穫心態。

請記住，我們的目標不是永遠「不」陷入落差心態，而是讓自己盡快離開。

史丹佛大學的行為科學家BJ・福格（BJ Fogg）有一個突破性的方法，稱為「小習慣」。小習慣是應用執行意圖時，一種簡單又實用的方法[29]。你所要做的，就是在你已經養成的習慣後面加上你想要的新習慣。這叫做「小習慣配方」（Tiny Habit Recipe）。下面舉了五個例子說明：

- 我拿自己和別人比較之後，我會問自己：「你是在落差心態還是在收穫心態？」
- 沮喪過後，我會列出過去三十天裡的三項具體收穫與進步。

• 當別人告訴我一件挫折的事，我會回應：「這次經歷讓你有什麼收穫與進步？」

• 在每週團隊會議開始時，我會提問：「你昨天最大的收穫與進步是什麼？」

• 在我翻開日記時，我會立即寫下生活中的一個收穫與進步。

快速自我練習，寫下你自己的小習慣配方：

在我＿＿＿＿＿＿＿＿＿之後，我會＿＿＿＿＿＿＿＿＿。

在我＿＿＿＿＿＿＿＿＿之後，我會＿＿＿＿＿＿＿＿＿。

在我＿＿＿＿＿＿＿＿＿之後，我會＿＿＿＿＿＿＿＿＿。

重點一次看

• 落差心態會在你生活中創造負面的複利效應。

- 收穫心態會在你生活中創造正面的複利效應。
- 研究指出，快樂的人通常比不快樂的人多活十年以上。
- 你對某個經歷的定義，決定了你的身體如何處理這個經歷。
- 用特定的語言來表達某件事，可以增加感知並運用它。落差心態與收穫心態就是一個有效的工具，因為它有特定的語言。
- 當你進入落差心態，請拉自己一把。
- 向你愛的人解釋落差心態與收穫心態的概念，並允許他們在你進入落差心態時點醒你。
- 練習心理減法，藉此提醒自己生命中的各種收穫與進步。
- 創造擺脫落差心態的小習慣配方，比如女子足球教練使用的五分鐘規則。

PART 2

專注從過去到現在你進步了多少

4

學會用過去來衡量自己——增進希望與韌性

「看向未來，你看不到事情的全貌；唯有看向過去，你才能把一切串起來。」

——賈伯斯（Steve Jobs）❶，蘋果公司聯合創始人

吉兒說話時，還能聽見電話那頭孩子的父母強忍著眼淚。

「去年，蘿西在草地上學習走路，」吉兒說：「記得我們努力了多久嗎？記得當時那看起來有多不可思議嗎？我剛剛看完她的年度報告，才想起她已經進步了多少。我真的忘了這一點，因為她現在可以在草地上走得很棒了！」

像這樣的電話，已經成為吉兒日常生活中的一部分。

家屬總是很情緒化。

吉兒・畢夏（Jill Bishop）是一名公立學校的物理治療師，職務是協助有極端心理和生理障礙的孩子。她的患者蘿西患有一種稱為「平腦症」的罕見大腦異常疾病，這種疾病特徵是大腦表面異常光滑。醫生告訴吉兒，平腦症的兒童無法學習和發展。吉兒經常聽到她的尖叫聲。每當蘿西面對任何新的或不熟悉的事物，她會發出震耳欲聾的尖銳叫聲。

蘿西面對的挑戰似乎永無止境，因此吉兒已經完全忘記了在草地上行走是她們去年一直努力的事。經過幾個月的治療，蘿西現在可以輕易地走在草地和其他不平整的路面上。然後，她們繼續迎向其他的挑戰。

對吉兒來說，年度回顧成了既謙卑又重要的時刻。想起蘿西一年前的狀態，吉兒立刻為她感到無比自豪。她意識到，不管醫生怎麼說，蘿西確實有能力做到更多事情，遠不止現在這樣。她過去進步很多，而且現在還有繼續進步的空間。

帶著這種深刻的敬畏之情，吉兒拿起電話打給蘿西的父母。

就像吉兒一樣，這些父母經常忘記他們之前走過的許多里程碑。這些孩子持續面臨著巨大的挑戰，即使是平凡的日常生活，對每個人來說也是沉重的負擔，更不用說他們的父母了。這些孩子永遠有需要改進或努力的地方。所以，如果不經常提醒自己達成了哪些成果，很容易就會陷入落差心態，進而失去希望。

當這些父母回想起他們的孩子一開始的程度，以及孩子現在能做到曾經看來不可能的事情時，他們因收穫與進步而落淚。

吉兒認為，經常拿過去的成就來提醒自己非常重要。若看不到進步，很容易因疲憊不堪而放棄。即使是看似微不足道或不重要的進步，只要得到了讚賞，也會成為這些人繼續前進的動力。

「太棒了！她進步了！這方式有效！」

一再提醒自己，孩子可以進步，對吉兒和孩子的父母來說，能讓他們繼續保持希望❷。沒有希望，動力會破滅；沒有希望，會失去做事的目的和意義。吉兒認為，進步就是一切。身而為人，不求進步就等於放棄自己，反之，不相信別人可以進步，等於放棄了他們。

「你不能評判別人的進步。」吉兒告訴我。

這些家庭也擁有特殊的內在參照點，用來衡量屬於他們的進步。擁有不一樣的內在參照對這些家庭的幸福至關重要，否則，他們會跟一般人和正常家庭做比較，結果就是，容易產生落差心態和絕望情緒。

特殊教育的教師經常因心力交瘁而放棄[3]，每年的平均流失率是一三%[4]，離開教育界的人數更是普通教師的二倍[5]，令人震驚。這份工作通常壓力很大，滿意度卻極低[6]。

吉兒認為照顧特殊兒童的教師或治療師，若是專注於「問題」，會耗損枯竭更快。

經常回顧與欣賞孩子的進步，是吉兒保持工作動機的關鍵。所以，透過收穫心態的角度看待自己教導的每一個孩子，她能察覺他們每天都在進步，而且能更投入且熱愛她的工作。

當你抱持著收穫心態，可以啟動與加強你克服挑戰的動機。專注於收穫心態，可以幫助你發現其他專注於落差心態的人可能

你永遠在成長

「人的成長不停歇，你必須持續根據自己的成長來衡量自己。」

錯過的進步。在心理學上，當你太專注一件事而忽視了周圍發生的其他事情時，就是所謂的「不注意盲視」（inattentional blindness）。如果我們只看到眼前的問題，就很容易忽視生活或事業中的各種收穫❼。

抱持著收穫心態能帶給你希望、信心和繼續前進的動機——即使進步比預期的困難或緩慢。

不斷進化的大腦容易忘記收穫與進步

「持續進化中的人類誤以為自己已是完成品。但現在的你和過去的你一樣，都只是轉瞬即逝的物種。」
——丹尼爾・古爾伯特❽，哈佛大學心理學家

拜人類的強大學習能力所賜，我們能夠迅速適應「新常態」，即使新常態與過去的生活大相逕庭。心理學家稱其為「自動化」（automaticity），這是一個人從「有意識」到能夠「無意識」去做一件事的過程❾。

如果你沒有像吉兒那樣，記錄客戶的各種收穫，你會忘記很多、甚至是大部分的收穫。現在，我們來探索學習和記憶的運作方式，你會明白為什麼人那麼容易忘記自己的收穫。

「自覺能力學習模型」（Conscious Competence Learning Model）被認為由威廉・豪厄爾（William Howell）提出[10]，旨在解釋自動化過程的四階段學習理論[11]。下面我會簡要地說明豪厄爾的四階段理論，並以最近一次記憶猶新的經歷為例——訓練我們家的雙胞胎上廁所。

- **第一階段——不自覺不足**：你不知道怎麼做某件事，甚至不知道自己不知道[12]。在這個階段，你不認為自己有必要學習一種特定技能。菲比和柔拉喜歡換尿布，並認為這個過程永遠會是她們生命中的快樂來源之一。她們沉浸在不認識自己身體機能的幸福中。
- **第二階段——自覺不足**：你不知道怎麼做某件事，但可以看到自己的無知和技能缺乏。你現在發現了這項知識和技能的價值，可以解決你目前的不足，於是你開始尋求成長。我們把菲比和柔拉的尿布脫掉，讓她們體驗到沒有尿布這個安全網的生活會有多麼髒亂。同時，我們也傳達了廁所的價值。

- **第三階段——自覺有能力**：你現在很熟悉這件事情了，可以順利完成相關的任務。然而，在做這件事的時候你必須全神貫注。菲比和柔拉現在知道她們什麼時候需要去廁所，而且會勝利般地大叫「我要尿尿！」她們已經學會了如何上廁所，但經常需要靠提醒來記住自己「該上廁所囉」。
- **第四階段——不自覺有能力**：這個任務你已經練習和執行太多次，以至於成為了你的第二天性。你現在可以毫不費力、無意識地完成這項任務，甚至可以邊做邊思考其他事情。菲比和柔拉現在完全可以自動自發上廁所了，她們想上廁所時不再需要提醒或幫助，這件事已經是生活的一部分了。

只要進入學習模型的第四個階段，你的運作方式就和以前的自己不同了。現在，你有了全新的經歷、觀點、技能、習慣和關係，這些都會影響你的看法和行為。你不可能單純地假裝那些新的經歷或技能不存在，然後回到以前看待事情的方式。新的學習確實塑造了你的看法和決策。

因此，過去及我們看待過去的方式，大多是反映我們現在的狀態，而不是過去的狀態。正如心理學家布倫特・斯萊夫（Brent Slife）博士在《時間和心理解釋》（*Time and Psychological Explanation*）一書中所說的（重點是我畫的）：

「我們根據自己目前的心理狀態，去重新解釋或建構我們的記憶。正因如此，與其說是過去造就現在的意義，應該說現在造就過去的意義才比較正確……**我們的記憶不是儲存完整且客觀的實體**，而是自己當下的一部分。這就是為什麼我們現在的情緒和未來的目標，對記憶會有如此大的影響。」[13]

回憶的時候，你總是從自己現在的角度在回憶。心理學家稱記憶為「重建」，由於記憶根據當前的觀點來重建，所以當前的觀點會影響你如何看待與理解過去的事件。[14][15][16]

朝著正在成長的人事物前進

「你日益增強的獨特個人意識，會讓你注意到各種堅決反對任何形式成長的人事物。你能夠因此辨識並走向所有正在成長的人事物。」

正如法學家小奧利弗・溫德爾・霍姆斯（Oliver Wendell Holmes, Jr.）所說的：「被新體驗擴展過的大腦，永遠無法回到它原來的維度。」

為什麼理解這一切很重要？

因為如果沒有帶著清楚的意識和意念，你很容易「忘記」或看不到自己以前的收穫。你會忘記以前的苦苦掙扎和克服萬難。你會認為以自己現在的程度來說，過去一切都是理所當然，反而忽略了自己的進步，也無法藉由回想過去的經歷來獲得信心。

這就是為什麼寫日記、記錄或「年度回顧」的效果強而有力。你可以像吉兒一樣，回顧過去，讓這些紀錄提醒你容易忘記的過去。你會再次想起，現在過的「正常生活」可能是以前的夢想——甚至已經超越了當初的夢想。

回顧過去，並欣賞自己已經走了多遠，能讓你處於收穫心態。透過珍惜你的收穫，你不但會更欣賞現在的自己，也會更加欣賞過去的自己。你感激你所做過和克服的一切。

我寫日記已經十多年了，大概一個月寫一本日記。幾年前，我開始在每本日記的封面回答五個問題。這些問題能讓我看清自己當時的狀況：那陣子的收穫是什麼，以及短期和長期想要實現的目標是什麼。我可以從日記的封面上看到當時的自己處在什麼狀態，在關注什麼事情。這五個問題是：

- 我的現況如何？
- 我在過去九十天裡有哪些成就？
- 在接下來的九十天裡，我想要達成什麼？
- 十二個月後我想要成為什麼模樣？
- 三年後我想要成為什麼模樣？

我開始寫一本新日記的時候，大概會花五到十分鐘回答這些問題。每一個問題，我都會列出五到十個要點。拿出以前的日記，花個二分鐘看一下當時的自己是什麼狀態，那陣子的收穫是什麼，想要完成什麼事，這件事很有趣。

比較以前的自己和現在的自己，能讓你快速進入收穫心態。令人驚訝地，許多成就非凡的傑出人士，甚至是那些有很多崇拜者的人，在他們的職業生涯中一直認為自己很失敗，直到他們明白落差心態與收穫心態之間的根本區別。

例如，要申請策略教練計畫的人，至少年薪二十萬美元才符合初級階段的資格。儘管收入亮眼，但這些新成員對自己創業以來的表現卻經常給出負面評價。

為了向策略教練的新成員介紹和傳授落差心態與收穫心態，助理教練查德・詹森（Chad Johnson）會帶領他們做一種練習。他請團體中認為自己「成功」的人舉手。

查德說，幾乎每一次都沒有人舉手。儘管表面上看起來，這些創業者非常成功，但他們自己並不認為，也不認同自己算得上成功。相反地，許多人其實認為自己很失敗，因為他們還沒有達到自己的理想。而讓他們覺得自己不成功的真正原因，在於他們衡量自己和進步的方式。

如果都沒有人舉手的話，查德就會問：「那你們要怎麼解決這個問題？」讓大家思考一陣子後，通常得到的答案是：

問題出在你怎麼衡量自己

「你是否覺得，不管有多成功，你總是對自己的進步不滿意？你是否覺得，距離自己最大的目標還很遠？問題不在於你成功和成就的質與量，問題在於你怎麼衡量自己。」

- 「停止設定目標？」
- 「不要試著達成那麼大的目標？」
- 「正向一點，唱唱聖歌？」

最後，查德在黑板上寫下：A.M.B.。Always Measure Backward.（永遠用過去來衡量自己）。一開始，這群創業者都不明白這句話的意思。查德解釋說：「衡量成功只有一個方法，回顧過去，拿你現在的狀況和以前的狀況比較。」

這需要一點時間來消化。查德請他們回想自己剛創業的情景。

「有多少人記得自己當時設定的目標是：『如果我一年能賺五萬美元，那就太棒了！』」所有人都舉起手來。「然後你跨過了這個里程碑，你接著說：『噢，如果我能賺十萬美元，那就太棒了。』」

藉由讓創業者看到、想起最初的模樣，以及已經走了多遠之後，查德幫助他們把整個人生重新定義為收穫。

「看看你的團隊、你目前的能力、你的目標、你的生活方式、你的健康，以及你生活中的所有一切。你正在做的一切，你所創造的一切，難道不令人驚嘆嗎？」

這種轉變根本且重要。

通常，這個觀點就像當頭棒喝。

這些創業者意識到，他們一直用落差心態看待自己和自己的事業，也同時意識到，他們一直用落差心態看待生活中的大小事。他們看出自己用落差心態看待團隊、另一半和孩子，因為他們是根據自己認為應該達成的目標來衡量他們，而不是從以前的狀態來衡量他們的進步。他們意識到，自己把幸福變成了不可能實現的理想，對自己和周圍的人來說都是如此。

你愈常練習用過去來衡量自己，你會變得愈有信心、有動力。以丹・布萊德利（Don Bradley）為例，他在應用落差心態與收穫心態原則之後，寄了一封電子郵件跟我分享心得：

郵件標題：丹・布萊德利二・〇

「我持續在做你要我做的練習，列舉我一年、一個月、一星期的成就，現在我還加上以天為單位，每天都會用最新的收穫更新這張清單好幾次……」

「看到自己一天之內確實完成了多少事情，我的自我效能彷彿成了一個奇妙的上升螺旋——我覺得自己勢不可擋。因此，我又完成了更多事情……」

「這可能是我一輩子裡最有成效的時期，因為我每天追求的目標與未來的自己一致，然後一天當中和結束之際，能看到我所有的收穫！」

抱持著收穫心態是衡量自己和生活最有力的方法。當你處在收穫心態，你會發現自己的所有時間都運用得很有意義。保持在收穫心態，能讓你持續善用時間，創造更有影響力、更有意義的收穫。

收穫心態讓你過著沒有遺憾的生活；收穫心態賦予你力量，不斷超越自身的進步和經歷；收穫能立即產生信心和動能。

不要遺忘你的過去。

永遠用過去來衡量自己。

輪到你了，來衡量你的收穫吧！

你跟十年前的你是同一人嗎？

你的興趣和重視的人事物還是一樣嗎？

哈佛大學心理學家古爾伯特發現，當人們願意花一些時間反思過去，會意識到自己已經不是十年前的那個人。[17][18]

大約十五年前，我十八歲的時候，我住在表哥家裡，睡在他的沙發上，每天玩《魔獸世界》（*World of Warcraft*）十五個小時以上，剩餘的時間就是睡覺。那時候的我，是根據角色在遊戲中的進步來衡量自己的成功。我沒有工作，當然也沒有博士學位和現在的六個孩子。我不是創業者，也從來沒想過要創業。

當時的我根本不可能預料到現在的情況。隨著時間推移，我的喜好、觀點和目標都改變了。我衡量成功的方式也改變了。

你也一樣，你已經不是十年前的你了。你已經進步和進化了，現在對事物的看法跟以前也絕對不一樣了。以前自己說「好」的事情，現在的你會說「不」。例如，以前的我願意每天玩十五小時以上的《魔獸世界》，但現在的我會拒絕，因為這件事與我現在衡量成功的方式嚴重衝突。

是時候衡量你的收穫了。

拿出你的筆記本，給自己一些專注做這件事的時間。最終，衡量自己的收穫會成為一種常態練習，甚至是你每天都要做的事。現在，讓我們從大約十年前開始：

- 十年前你是怎樣的人？

- 你關注的事物是什麼？

- 那時候你如何衡量成功？

- 現在你的情況有什麼變化？

- 你現在知道了什麼當時不知道的事？

● 這十年裡，你完成了哪些事情、又有哪些重要的成就？

回答這些問題時，一開始最簡單的方法就是列清單，一項一項寫下來。不要把這件事想得太過複雜。重點只要記住，收穫不僅外在成就，任何形式的成長或進步都算在內。這些收穫可以包括經歷（比如假期，甚至是遭遇難關而成長）、學到的教訓以及建立的關係。然後，為了讓這項經歷發揮最大效應，在列出收穫時，請寫得愈詳細愈好。丹解釋說：

「我注意到，衡量自己的成就時，那些注意細節的人，通常比說話和思考都很籠統的人還要快樂、活力充沛。比如回答『最近怎麼樣？』這個問題，說『都還不錯啊』的人，其實並沒有連結到他們的實際經歷。」

「但如果你評估自己的情況時，連結到特定的事實，這會讓你的感覺成為現實。」

「例如，說『最近完成的這項專案，賺到的錢是去年的十倍』和說『這個專案做得真好』概念完全不同。如果你一直活在籠統的世界裡，你很容易對真正發生的事情感到困惑，對自己成就也模糊不清。」

以下是我過去十年裡的一些具體收穫：

- 我娶了我的夢中情人蘿倫。
- 經過多年的不孕症治療和祈禱，我們又生了三個孩子。
- 我完成了心理學學士學位，以及組織心理學的碩士和博士學位。
- 我跟自己對賭，以一名職業作家為目標。目前我已經出版了三本書，總共賣了幾十萬本。
- 在過去十年裡，我讀了數百本書，提升了我的金錢觀和事業觀。
- 我又跟自己對賭，成為了一名創業者，並建立了一支非凡的團隊，他們支持我和我的事業——而我們確實幫助了成千上萬人改善他們的生活。

- 我捐超過一百萬美元給我的教會。
- 與十年前相比，我現在是個更好、更有同理心、更有愛心的人。

最後一點有點籠統，所以要更具體地說明比起十年前，現在的我是「怎麼樣」更有同理心和愛心：

- 當孩子吵架時，我的情緒反應不再那麼強烈了。
- 我願意接受自己的無知，並願意重新思考自己的觀點。
- 我不會批評和我不同的人是「錯的」或「壞的」。

我可以繼續列舉下去，但這只是舉例，所以就講到這裡。

人們第一次接觸收穫心態這個概念時，有時很難看到或欣賞自己的收穫。我們大多數人都被訓練對讚美置之不理，從不欣賞自己的進

衡量的唯一方法

「衡量你已經走了多遠的唯一方法，是從你現在所處的位置，回頭看看你距離出發點有多遠了。」

步。但隨著你愈常練習，你愈能夠清楚看到、欣賞和定義自己的收穫。同時，你也能從最細微的經歷中看到無數的收穫。舉例來說，練習久了，光以一天為單位，你就可以列出幾十個收穫，像是準時起床、和朋友一起跑步……等等。

不過，現在請從過去十年開始，列出你所能想到的各種重要收穫。寫完過去十年的收穫清單之後，讓我們縮小時間範圍。過去三年怎麼樣呢？

- 三年前你是怎麼樣的人？

- 當時的你關注什麼事？

• 三年前的你如何衡量成功？

• 你現在知道了什麼三年前不知道的事？

• 你的「衡量標準」改善了嗎？

換句話說，關於收入、人際關係、把時間花在哪裡、你的習慣……，有哪些是你過去會說「好」，而現在說「不」的？

這裡要做的練習跟十年時間框架一樣，列出過去三年裡，你所有的具體收穫。這些收穫包括各種形式的進步和成長，有形的成就、經歷、關係、學到的教訓……。以下是我過去三年裡的一些具體收穫：

- 我們從南卡羅來納州的克萊姆森（Clemson）搬到了目前居住的佛羅里達州奧蘭多。
- 蘿倫生下了雙胞胎女兒和兒子雷克斯（Rex）。
- 我在較年長的幾個孩子身上投入了更多時間和精力。（有意義地投入時間讓他們參加體育活動；我也參與他們的活動和比賽、帶他們去旅行、和他們相處。）
- 我拿到了博士學位。
- 我買了第二間房子做為我的全職辦公室，用於寫作和拍攝（比起跟六名孩子一起窩在家工作，這是很大的進步）。

- 我出版了兩本書：《我的性格，我決定》（*Personality Isn't Permanent*）和《成功者的互利方程式》。
- 我的收入成長了三倍，理財決策更明智，我開始為家庭的未來持續長期投資。

現在讓我們再更進一步，列出你在過去十二個月裡的所有收穫。

英國哲學家艾倫・狄波頓（Alain de Botton）曾說過：「不會對去年的自己感到羞愧的人，學到的東西很可能還不夠。」這裡得說清楚，對過去的自己感到羞愧是一種落差心態。你沒有理由對自己的過去有任何負面情緒或能量。收穫心態能讓你從正面的角度看待每一次經歷。

事實是，你不是過去的那個你。過去的你不知道你現在知道的事情，當時閱歷不像現在的你這般清晰。

愛過去的自己。

對過去的自己有同理心、同情心和尊重。
過去的自己當時所處的環境與你現在所處的環境不同。
過去的自己當時有不同的觀點。
過去的自己當時的同儕和你現在的同儕不一樣了。
過去的自己沒有你現在擁有的知識、工具和技能。

我分享艾倫・狄波頓的這句話，是因為這是一個很好的提醒，告訴你自己應該不斷超越以前的自己，不斷創造收穫。那麼回答下面問題：

- 十二個月前你是怎麼樣的人？

- 當時的你關注什麼？

- 你的生活有哪些改變和改善？

- 你現在知道了什麼當時不知道的事？

- 在過去十二個月裡，你的「成功衡量標準」有何改善？

- 有哪些衡量標準是當時沒有，而現在會用的？

______

______

列出你的清單。當我深入審視十二個月前的情況時，我發現自己生活的變化程度實在驚人。以下是我過去十二個月的一些收穫：

- 《我的性格，我決定》和《找人不找方法》已經售出數十萬本。
- 我的第六個、也是最後一個孩子雷克斯出生了。
- 蘿倫和我請了一位兼職保母，每週來家裡幫忙二十個小時。
- 我們一家在一次大型家庭自駕旅行中看到了拉什莫爾山（Rushmore）。
- 我終於開設了自己的YouTube頻道，這是我五年來一直想做的事情。
- 我推出了高階教練專案，為我的事業每年增加幾十萬美元營收。這個新專案讓我和整個團隊不斷進步，迫使我們提升勇氣、思維，以及我們為客戶提供的服務品質。

- 我放下了許多不健康的「需要」，以更健康的「想要」取代。

好了，最後一次。讓我們再進一步。過去的九十天裡，你有哪些收穫？

前國際象棋神童、《學習的王道》（*The Art of Learning*）作者喬希・維茲勤（Josh Waitzkin）每隔九十天就會問自己一個問題：「我三個月前相信，而現在已經不再相信的東西是什麼？」[19]他把這個問題當成日記的提示，並用心反思。他的目標是不斷「減少錯誤」。

維茲勤擁抱收穫心態。

組織心理學家、華頓商學院教授、暢銷書作家亞當・格蘭特（Adam Grant）花了大量時間研究他所謂的「犯錯的快樂」[20]。在

> **如何繼續前進**
> 「你未來的能力，取決於你如何衡量過去的成就。只有當你看出自己已經走了多遠，並恰如其分地衡量自己的收穫時，你才能前進和成長。」

最近與諾貝爾心理學獎得主丹尼爾・康納曼（Daniel Kahneman）博士的一次談話中，格蘭特詢問康納曼，在職業生涯中，他如何應對「被證明是錯誤的」這件事[21]。

「我熱愛這件事。」康納曼回答。

在那次談話中，他們討論了康納曼的暢銷書《快思慢想》（*Thinking, Fast and Slow*），這本書是根據他獲得諾貝爾獎的研究所寫的[22]。

格蘭特問：「你還同意你在那本書裡寫的所有東西嗎？」。

康納曼說：「不，不盡然，可是我很高興。因為我喜歡學習。」

康納曼處在收穫心態；格蘭特處在收穫心態。

每九十天，你就可以改變你的生活。你可以提升思維方式、看待事物的觀點，以及生活方式。你會更新你的iPhone，讓手機繼續運作順暢。你當然也可以定期更新你的心態、觀點，以及衡量成功的方式。

把你的筆記本拿出來，開始列出你過去九十天的收穫。寫出你的實際成就，但也要寫下你如何發展自己的想法、優先事項和目標：

- 在過去的九十天裡，你最重要的進展是什麼？

- 你從中學到了什麼？

- 在過去的九十天裡，有什麼事讓你引以為傲？

以下是我過去九十天裡的一些收穫與進步：

- 我終止了和書籍經紀人的合作關係，這段關係曾在我生活中創造了巨大的收穫，但現在已經不再有意義了。
- 我解雇了之前的出版商，並解除了一份不喜歡的著作合約。
- 我與本書的優秀出版社賀氏書屋（Hay House）簽了一份四本書的合約。
- 我很不明智地投資大量資金在加密貨幣上，結果瞬間損失了一半。我學會了不要根據情緒和炒作來投資，而是要堅持長期投資策略。
- 我們的二兒子去阿拉巴馬州參加為期五天的太空夏令營。
- 我們計畫明年夏天全家去歐洲旅行。
- 在跑步教練的指導下，我每星期跑步五天。

在做完前面的所有練習後，你可能會認為分享收穫令你有些不自在。許多人，包括高成就者，都不喜歡與他人分享自己的進步。生活在比較和競爭的落差心態文化中，這種現象是常態。

但是你可以先把你的收穫寫在日記裡。

請記住，記錄收穫並不是吹噓或比較，這項練習的目標是具體且真實地衡量自己的實際進步，並幫助他人更懂得衡量自己的進步。身邊有支持你、激勵你的人可以分享你的收穫，是一件很有效益的事。在不進行比較或競爭的情況下，分享自己的收穫，聆聽他人的收穫，也是一件振奮人心的事。

既然你已經在本章中練習了如何衡量自己的收穫，那麼繼續以每個月，甚至每週為基礎來記錄。隨著時間累積，這會大幅增強你的信心和動力。

下一章，你會學習到如何衡量每天的收穫，這將幫助你保持在收穫心態中，並擁有強大的動機。

重點一次看

- 人非常容易忘記自己的收穫，因為記憶總是在此刻、根據當前的觀點不斷重建。

- 寫日記或年度回顧非常有用，因為這能讓你看到以前自己的狀態與大量的收穫。
- 提醒自己那些容易忘記的過去，可以提升你的希望、動力、信心和韌性。
- 你已經不是過去的那個你了。即使在過去的九十天裡，你也已經進化成長了很多。
- 定期衡量不同時間範圍的收穫與進步。
- 永遠用過去來衡量自己

5

每天三個小收穫——用一天中最具效能的一小時槓桿出最大影響力

「我們的眼睛和耳朵只會看見與聽見大腦在尋找的東西。」

——丹・蘇利文

一天中騰出特定的一小時——一天中的「最佳時間」——可對短期成功和長期成功發揮最佳影響力。

你在這一小時內做的事情，影響力遠遠超過一天中其他時間所做的事情。這一小時決定了你的工作效率和目標，也會影響你的大腦功能運作。如果充分利用這一小時，接下來你的二十四小時都會順利成功。如果你不善用這一小時，時間只會白白浪費。

對大多數人來說，每天的最後一小時是落差心態的時間，被媒體或暴飲暴食分散了注意力。然而，你**每天的最後一小時**可以是收穫心態時間，這對你的睡眠及隔天一整天的身心狀態都有正面的影響。

你在睡覺前的一小時（「最佳時間」）裡做什麼非常重要。你睡覺前的行為會編寫到長期記憶中[1]。你在睡覺時，大腦會處理那一天經歷的一切。

但是並非每件事的重要程度都一樣。

這就是為什麼，頂尖運動員會在睡覺前觀想成功的畫面，就像有史以來最成功的奧運游泳選手麥克・菲爾普斯（Michael Phelps）那樣。

兩屆奧運柔道金牌得主凱拉・哈里森（Kayla Harrison）說：「每天晚上我都想像自己贏得奧運會，站在領獎臺上，聽著國歌，看著美國國旗升起的畫面。」

你睡前一小時所做的事情會為你的餘生定下基調。

這是你最深的習慣形成之處。你如何結束這一天，不只會決定你的睡眠品質，還會指示你什麼時候醒來，以及你醒來時

不責怪自己

「到目前為止，你一直處在落差心態中，這件事沒有必要自責。即使你是在充滿收穫意識的家庭中長大，也很容易從周圍文化中學習到類似的落差心態。畢竟，對大多數人來說，用過去來衡量自己是違反直覺的。」

的清晰程度和方向感。換句話說，睡前一小時取決了你對自己要做的事情，還有隔天你會成為什麼樣的人，抱持著多大的承諾和決心。

睡前一小時決定了你隔天的效率和清醒程度。

如果你沒有明確的計畫且草率地結束一天，你會對接下來的二十四小時妥協。如果沒有清晰堅定的計畫，你只能隨周圍的事物起舞，屈服於自己缺乏的能量。你只會更加被動。

研究顯示，在睡前一小時，九六・九％的人會看手機，還有九〇・八％的人帶著手機上床，滑完手機才睡覺[2,3]。即使他們知道睡前看ＬＥＤ螢幕不利於睡眠，甚至影響晝夜節律，導致第二天早上精神不佳，但研究也指出，許多人根本不在意這些有害影響[4,5,6]。

智慧手機成癮現象相當普遍，導致睡眠拖延症。這種滑動和凝視的循環，就是在消耗未來的生產力和創造力[7]。如果你想過著有效能、活在當下、幸福的生活，睡前盯著手機是最糟糕的睡前選擇，並對你的自我認知和心態產生負面影響。

自我認知就是你如何看待自己，進而驅動你的行為[8,9]。但是你的行為也會影響你的自我認知[10]。對此，心理學家有個專業詞彙：自我暗示，意思是你根據自己的行為來評判自己。

你吃了甜甜圈，你會認定自己是個會吃甜甜圈的人。你早起去健身房，你會認定自己是個會早起去健身房的人。因此，行為是一種自我暗示。所有的行為都會上癮。所有的行為都在尋找更多同樣的行為。

如果你心不在焉地滑著臉書，未來你更有可能做出同樣的行為。如果你開始投資長期的未來，就算只是小額投資，未來你更有可能繼續這種行為。如果你花了一下午的時間在流浪者之家分發食物，未來你更有可能繼續這種行為。

維茲勤在提摩西・費里斯（Tim Ferriss）的Podcast採訪中，解釋了「主動的日常架構與被動的日常架構」的重要性[11]。

他的意思是，你的一天可以由你自己主動設計，而不是被動地、被各種外在事物干擾而分散注意力。你可以安排好自己的一天，以一種自由且主動的方式度過，而不是不斷地被隨機的外在事件左右。

如何衡量進步

「隨著你繼續前進，新目標會需要你具備更多信心和能力，然而其實你已經做過這樣的事情了，而且一次又一次地做到了。為了提醒自己這一點，你要做的就是回顧各個起點，然後再看看相應的成就。」

在睡前一小時，維茲勤會空出一段時間思考他想要回答的重要問題，或他想要解決的重要事件。然後他帶著這些想法入睡，第二天早上他會「預先輸入」——冥想並記錄他前一天晚上想的問題和事件。

研究指出，人在剛睡醒時的創意最活躍，尤其是在高品質的睡眠之後⑫⑬⑭⑮。維茲勤早上寫日記的時候，腦中會閃過一些想法和有創意的解決方式，然後他能夠運用大腦在睡覺時處理的潛意來識整合與連結。

正如愛迪生所說：「別不對潛意識下指令就去睡覺。」

在過去的五年裡，我也親自實踐了這些觀念。那時我還是克萊姆森大學（Clemson University）的博士生，我早晚的作息如下：

- 睡覺前三十到六十分鐘，我會花五到十分鐘寫日記，把第二天要完成的事情列出來。我還會為第二天早上要寫的部落格文章簡單列出一些想法。
- 睡七到八小時。
- 起床，喝水，立即出門去健身房——通常是早上五點左右，因為克萊姆森的健身房五點半就開了。

- 把車停在健身房外面，在進入健身房之前，花十到十五分鐘寫日記。我會把當天要完成的事情確認下來，並進一步勾勒當天早上想寫的文章內容。我也會寫下自己的遠大目標，以及任何突然浮現在我腦海中的東西。
- 一面聽有聲書，一面運動三十到四十五分鐘。
- 上課之前，花三十到九十分鐘寫完一篇部落格文章。
- 從上午九點到下午三點：上課、開會、各種忙碌。
- 回家，和妻子及認養的三名孩子共度時光。

持續做了二、三年，光是善用早上上課前的時間，我就累積了數百篇部落格文章。這些文章被閱讀了超過一億次，使我累積了不少人脈，並在完成博士學位之前，成為了一名專業出版作家。

所以，我大力推崇規畫好自己的一天，在前一天晚上思考你想要完成的事情。然後，早上起床，在你開始看手機之前，給自己一段靜心時間，記下你的目標和你準備完成的事情。

大腦在你剛醒來時最為強大。但如果你沒有充分利用「最佳時間」，你將無法運用這股力量。渾渾噩噩地上床睡覺，只會渾渾噩噩地醒來。

不過，這也是當前文化的常態。大多數人入睡前做的最後一件事是看手機，醒來後做的第一件事也是看手機。他們沒有帶著計畫醒來。他們沒有在睡前灌輸大腦和潛意識要回答的具體問題或要解決的事項。

於是，他們醒來時感覺疲憊、渾渾噩噩、沒有方向。這一天其餘的時間都在分心和被動中度過。你的「最佳時間」是怎麼度過的呢？

你接下來將學到最簡單、卻最強大的晚間例行公事。如果你能做到，你的每一天都會過得更充實。

你會睡得更好。

你的成果會說明一切。

你的生活將會改變。

不要比較今天

「不要拿今天的價值和其他日子做比較。」

◎每晚寫下三項小勝利——你總是在勝利的路上

「不要在沒有白紙黑字規畫好之下開始這一天。」

——吉姆・羅恩（Jim Rohn）[16]，成功哲學大師

解決辦法很簡單。睡前三十分鐘把手機調到飛航模式，然後遠離你的身邊。如果提前六十分鐘會更理想。

在睡覺前一個小時內，拿出你的日記。研究表明，每天寫下三件讓你感恩的事情，可以增加幸福感[17]。其他研究也指出，睡前感恩不僅讓你感覺更好，也會讓你睡得更好[18][19]。

沒錯，寫下感恩的事情是強而有力的方法，但更有效的方法，是寫下你當天的具體「勝利」。每天寫下三項勝利，不但能讓你更感恩，同時也能提升你的信心[20]。

史丹佛大學的行為科學家福格博士在《設計你的小習慣》（*Tiny Habits*）一書中解釋說，**自我感覺良好和感覺自己在進步，是成長與幸福的必要條件**[21]。

幾十年來，丹・蘇利文都教導他的創業客戶，在每天結束時寫下三項「勝利」。他甚至開發了一款名為WinStreak®的應用程式，功能只在每天輸入三項勝利。

每天寫下三項勝利是遠離落差心態最有效的方法之一。你會覺得自己總是在勝利和進步，讓你維持在有動力和信心的狀態。寫完今天的三項勝利之後，再寫下隔天想要完成的三個勝利。

記住，不要超過三個。

太多人的日常待辦清單上有十項以上的任務，這只能代表他很忙碌，而不是代表他很有效能。八〇／二〇原則解釋說，八〇%的結果來自二〇%的活動[22][23]。與其在你的待辦清單上寫超過十件事，不如壓在三件事以下。

正如領導力和商業專家詹姆・柯林斯（Jim Collins）所說：「如果你有三件以上的優先事項，有等於沒有[24]。」而且，寫下明天的三項勝利時，必須是重要的勝利，而不是緊急事務。

每天結束的時候，丹會寫下當天的三項勝利，以及明天要達成的三項最大勝利。他解釋：

每個勝利都很重要

「每一個勝利，無論大小，都很重要，而且你愈常做你認定為勝利的活動，你就會看到愈來愈大的勝利機會。」

「我會帶著良好的感覺上床睡覺，而且對隔天充滿期待。第二天早上我在興奮中醒來。然後，當天我會努力取得那三項勝利。不過，通常會發生的是，比起前一天晚上所想像的，我會取得更大的勝利。」

「然後我回到家，再做同樣的練習。我已經這樣做了十五年，這項練習的結果是──**我總是在勝利……**」

「不管我那一天中遇到了什麼挫折、失望還是障礙，都沒關係。在一天結束的時候，我有我的三項勝利。明天我也會有三項勝利。一星期後，我就會有二十一項勝利……」

「過了一陣子之後，一些事情開始發生。首先，人們開始變得興奮，總是很開心。另一方面，他們意識到，賦予過去和未來意義的，正是他們的話語。意識到這點是很大的突破，是你在講述自己的人生故事，你過去經歷過的故事，還有你明天要經歷的故事。隨著你不斷前進，這種能力會愈來愈強。」[25]

每天都勝利

「你會注意到，隨著累積每個有勝利的日子──也就是每一天──你的自豪、信心和振奮會不斷擴展與提升。」

寫下三項勝利，帶著美妙的感覺結束這一天。然後，再寫下隔天可以獲得的三項最重要的勝利。每天晚上持之以恆地做這項簡單的活動，有幾個深刻的好處：

- **增進感恩和信心**。以感恩和信心結束這一天，改善睡眠品質，提升幸福感覺。
- **在睡覺的時候引導潛意識**。在前一天晚上設計好今天的行程，讓大腦在你睡覺時「為之努力」。
- **讓隔天有個目標**。在前一天晚上做好計畫，然後積極、有目標地醒來。如果你不這樣做，早上鬧鐘響的時候，你很可能會再次沉迷在手機裡，或乾脆按下貪睡鍵，然後繼續睡覺。

有一項訪問對象超過二千人的調查顯示，美國人平均要花二十四分鐘，才能真正起床並開始新的一天——在兩次鬧鐘和兩次貪睡鍵之後[26]。這種現象的成因非常簡單：如果你不知道接下來應該做什麼，你會選擇最簡單和最顯而易見的行為[27][28]。也就是說，如果你沒有預先計畫自己要做什麼，那麼你的意志力不會把你從昏昏沉沉的狀態中拯救出來。當下的情境會打敗你。[29][30][31]與其把自己置於失敗的情境中，不如在情境出現之前就做好決定。畢竟你每天都會醒來，所以這是一項值得好好掌握的技能。做出堅定的決定，然後投入其中，如此一來，你不會再次輸掉意志力的鬥爭。你也可以預先設置一些防呆技巧，讓自己執行起來更容易，像是把鬧鐘放在房間的另一頭，跟你隔天要穿的衣服擺在一起，讓你起床後可以立即換上。麥可・喬丹說得很好：「一旦做了決定，我就再也不會去想它了。」

- **重新訓練大腦，讓大腦看到收穫，而不是落差**。透過關注收穫與進步，你會自我擴展。透過每天記錄三項勝利，重新訓練大腦開始看到愈來愈多的收穫。心理學稱其為「選擇性注意」，意思是，我們的注意力會集中在對我們個人重要的事物上[32][33]。哈佛大學心理學家、美國心理學之父威廉・詹姆斯（William James）這樣解釋選擇性注意：「數百萬種外在事物呈現在我的感官面前，卻從未真正進入我的體驗中。為什麼呢？因為我對它們沒興趣。**我的體驗是我同意關注的事物**[34]。」

你的體驗是你選擇關注的事物。當你處在落差心態，你就是在衡量落差。當你處在收穫心態，你就是在尋找收穫。你會找到那些你訓練自己去尋找的東西。

永遠用過去來衡量現在的自己。每天記下三項勝利，讓你投入和興奮明天的三項勝利。

這是重新訓練注意力和專注力最簡單的方法，能讓你在前一天晚上就帶著信心，認定明天將是不平凡的一天。你能快樂信心地上床睡覺，然後帶著活力和目標醒來。

就像所有的事情一樣，你練習得愈多，愈能看到收穫。剛開始的時候，你可能還會在這裡、那裡看到落差心態。但日復一日，持續每天記下三項勝利，然後為隔天定下三項勝利，將會改變你看待世界的方式。

你到處看到的都是收穫，即使是最細微的地方。當你又陷入落差

勝利擴展勝利

「一旦你養成了尋找勝利的習慣，你就擴充了自己對何謂勝利的理解。」

心態，你會更快注意到這件事。與其長期沉溺於負面情緒，你還不如迅速恢復，重回收穫心態中。引用企業家與投資人拉維坎特的話：

「過去我對某些事情感到煩悶，而現在我總是看到事情積極的一面。這需要理性的努力。過去我得花幾秒鐘才能想出一個積極的答案，現在不到一秒我就能做到[35]。」

你當然也可以做到這一點。你唯一要做的，就是每天記下三項勝利。

◎花二分鐘分享——每天回報你的收穫

「當你衡量表現時，表現就會改善。若是衡量再加上報告，改善的速度會更快。」

——皮爾森定律（Pearson's Law）

衡量自己的進步是個明確的信號，表示你認真地對待自己正在做的事情。

如果你衡量飲食狀況，那麼你可能改善飲食。如果你衡量金錢，比如消費、儲蓄和投資，也很可能改善這些事情。

衡量自己正在做的事情非常重要，你不但有意識地改善正在做的事情，也能明確產生一些結果。正如社會學教授琳恩・克雷格（Lyn Craig）所說的：「你不計算的東西會變得不再重要[36]。」

保持記錄和衡量進展是真正重要的原則。

衡量不但能證明你的工作完成了，還能同時提高動機和表現。每天晚上寫完三項勝利之後，你也可以運用皮爾森法則（衡量並報告你的進展）來提高效能，方法是與一位可靠或「成功」的夥伴分享你的三項勝利。

每天的分享不需要超過二分鐘。

在你寫完今天的三項勝利和隔天的三項勝利後，接下來就是把你寫下的內容傳給你的成功夥伴。把勝利告訴某人的舉動，並不是工作上的「報告」，你只是在分享自己的成功。

把你的勝利跟你愛和尊重的人分享，有幾個好處：

一、與你尊重的人分享收穫會讓你充滿活力。
二、跟對方分享明天的三項勝利後，你會有責任感去實現它們。
三、人喜歡與目標保持一致，透過說出自己要完成這三件事，你會更有可能做到[37]。
四、「三項勝利」將你每天的進展「遊戲化」，如遊戲般不斷進步。

我個人持之以恆地執行三項勝利很多年了，這方法大幅提高了我的注意力和效率，以及我的收穫。每天，我和成功夥伴互發一則訊息。彼此報告自己當天的勝利情況（例如完成了兩項勝利），然後列出隔天的三項勝利。

就這樣。

就這麼簡單。

也請保持簡單。

勝利的肌肉

「你每天花時間去注意自己的成就，就是在建立肌肉。」

每天寫下三項勝利。為明天創造三項勝利。如果你選擇這樣做，請在練習中加入一位成功夥伴，增加支持、責任和動力。

重點一次看

- 睡前六十分鐘裡，你所做的事情會大幅影響睡眠品質，也會大幅影響你隔天的目標方向和品質。
- 被動讓人更加被動。如果你睡前一直看手機，無意識地瀏覽或消費，不但會讓你睡眠品質更糟糕，隔天你仍會繼續這種不健康的上癮行為。
- 為了提升睡眠品質，睡前至少三十到六十分鐘不要碰手機，把手機調成飛航模式。
- 在日記中寫下當天的三項勝利。
- 寫下你隔天要取得的三項最大的勝利。記得不要超過三項。
- 這輩子接下來的每一天都要這樣做。
- 皮爾森定律指出：當你衡量表現時，表現就會改善。若是衡量再加上報告，改善的速度會更快。

- 找一位可以每天報告三項勝利的夥伴，持之以恒地記錄和報告。互動要保持簡單，每天不應該超過二分鐘。
- 報告你今天和明天的三項勝利。

6 把所有經歷轉變為收穫——掌控你的過去

「智力就是適應變化的能力。」
——史蒂芬・霍金（Stephen Hawking）❶，理論物理學家

九月二十九日，霍華・蓋特森（Howard Getson）早上一起床，在喝咖啡之前已經損失了二百多萬美元。二〇〇八年的金融海嘯開始了。

那一天，股票市場繼續暴跌。

當天下午，霍華去YMCA找他的私人教練健身時，教練注意到霍華的臉色，問他：「你臉色蒼白，一切都還好嗎？」霍華回答說：「今天是自大蕭條以來，股市最慘的一天。」

這些話一出口，忽然他就意識到這些都是虛假的，他頓悟了。

「沒有一個系統永遠有效，但總有一些東西會有效。」

對他來說，今天是股市最慘烈的一天，但不是每個人都這樣想。交易是一場零和遊戲。他覺得糟糕不代表股市中所有人都這樣認為，許多人損失了金錢，不代表所有人都有損失。有些人適當地分配資產，或因應這一天的狀況做了特定安排，對他們來說，也許今天是美妙的一天。

這個見解迫使霍華審視自己的投資系統。第二天，霍華和他的交易分析師尚恩進行了一次談話。霍華問：「如果我們夠聰明，又怎麼會損失這麼多錢？」尚恩回答：

「我們創造了許多不同的交易系統，這些系統昨天還有效，可以賺到錢。然而，我們設定了一條關閉任何損失超過二〇％的系統規則。也正是這條規則關閉了原本在這種交易條件下特別有效的

人創造意義與價值

「意義與價值不是賦予我們的，而是我們為每個經歷創造自己的意義與價值。」

系統。」

早在二〇〇六年，霍華開發了一個名為OmniTesting的程式，用來測試每個市場和每個時間段中的演算法。過程中會使用幾十項指標來比較這些測試結果，如果某個交易系統失敗的次數太多，那個系統就會自動關閉。

然而，有一條規則凌駕於這一切。如果某個系統在測試期間的任何損失超過二〇%，系統會立即關閉，並從運作的系統庫中刪除，因為繼續複製該交易系統的風險太高了。

在遭受重大損失之後，霍華意識到這條特殊的規則，創造出一種全能型的交易方式，在一般情況下，他們在任何市場投資的任何標的，都能表現得「還不錯」，但這條規則排除了特殊交易系統，這些系統在特定市場可能表現得「令人驚艷」——比如二〇〇八年的崩盤。

市場表現分成許多不同類型：牛市、熊市、波動市場、整合市場、上漲市場、趨勢市場和持平市場。你可以創造在特定市場表現良好的系統，也可以創造在任何市場都表現良好的系統。霍華過去一直採取「在任何市場都表現得還不錯」的方法，因為他不想輸得太慘。不幸的是，這個策略讓霍華在二〇〇八年輸得很慘。

雖然一天之內他就損失了二百多萬美元，並且極度沮喪了一會兒，但由於他的新見解，他真的第二天就走出了落差心態。他知道自己的落差思維和投資策略哪裡出了問題。因此，他不再專注於創造在所有市場都有效的東西，轉而為每種市場制定不同的系統。

他著重於開發一個全面的系統，可以在市場發生變化時，盡快判斷應使用哪個交易系統、關閉哪個系統。

這個洞察力成為他自二〇〇八年金融危機以來所做的一切基礎。為了克服自己的主觀性和偏見，霍華在過去的十三年裡專注於透過人工智慧（AI）進行交易。他的新人工智慧系統沒有人類的恐懼、貪婪和偏見。當投資市場波動時，人工智慧系統可以更快做出相對聰明的決定，決定啟動和關閉哪些交易系統。

透過運用人工智慧做為切換系統的工具，使得交易更貼近市場情況，霍華增加了自己在各種特殊情況下成功的可能性。

霍華把糟糕的經歷轉變為收穫。首先，他把這個痛苦的挑戰當成一次機會，重新思考他的假設和測量方式。他也能看出自己的測量方法不周全，並從根本上改善他關注和衡量的指標。隨著時間推移，這行為創造了更好的結果。

霍華不再像以前那樣試圖避免任何損失，而是以「適應變化」來做為衡量成功的方式。

◉學會成為自己經歷的主人

「人生很簡單。一切都是因你而生，不是隨機。每件事都在最正確的時刻發生，不早也不晚。你當然不必喜歡它……但如果你接受，一切會更簡單。」

——拜倫・凱蒂（Byron Katie）❷，心靈導師、作家

當你處在收穫心態，你積極面對過去的經歷——你審視這些經歷，運用它們，讓未來的你變得更有適應力、更成功。相對地，當你處在落差心態，你會消極面對這些經歷——看著它們，對發生的事情感到沮喪。你不會利用經歷來學習和改進，而是把它們定義為「負面」事件。

每當你處在落差心態，把一件事定義為負面經歷，你等於失去了對這個經歷的所有權

和力量。這個經歷只是一件你希望從來沒發生過的「糟糕事情」。

因此，待在落差心態中的你，等於把主控權交給自己的經歷。你消極對待發生的事情，當事情不如你的預期或沒有按照你的計畫發展時，你成了無能為力的受害者。

另一方面，收穫心態讓你掌握自己人生的主控權。你決定這個經歷代表的意義。你決定自己要如何建構它們，你總會找到方法運用過去的經歷改善未來——即使看似很糟糕的經歷，也是清醒和成長的絕佳跳板。丹解釋說：

「成長的人都是把沮喪痛苦的失敗，轉化為規則和衡量方法，藉此改善與進步，達到令人滿意的成功[3]。」

落差心態剝奪了你身為人的主動性，讓你在心理上變得僵硬；收穫心態增加了你的主動性，讓你在心理上愈來愈有彈性[4][5][6][7][8]。

不再合理化自己

「一旦人們停止將精力花在合理化自己想要的事物上，就等於讓自己自由，便能專注於創意與革新。」

心理彈性（Psychological flexibility）的意思是：由你管理情緒，不是情緒管理你。這代表即使遭遇挫折，你還是能朝著目標前進。研究表明，心理彈性低與以下現象有關：

- 易焦慮；
- 更憂鬱；
- 身體容易出狀況；
- 工作表現不佳；
- 無法學習；
- 物質濫用；
- 生活品質下降；
- 憂鬱症；
- 述情障礙（Alexithymia，無法辨識與接觸自己的情緒）；
- 焦慮敏感；
- 長期功能障礙；

● 憂慮。

你的心理彈性愈高，愈不容易焦慮和沮喪。擁有心理彈性，代表你可以在不確定性中前進，代表你可以掌控過去經歷的意義。當你處在收穫心態，你會愈有心理彈性。你接受生活帶給你的每一種經歷——困難或輕鬆、恐懼或興奮、挑戰或加速，經年累月下來，你會成長，你獲得的不是勝利就是學習。

例如，擁有高心理彈性的人，起床準備去上班時，發現車子輪胎沒有氣了，他們不會不高興或動彈不得，而是直接改叫優步（Uber）代駕。就這麼簡單。他們會找時間處理沒氣的輪胎，但這件事不會一整天干擾他們，因為他們有更重要的事情要做。

艾力克斯・班納楊（Alex Banayan）是一位擁有高心理彈性的人。他在著作《第三道門》（*The Third Door*）中寫道，成功就像夜店❾：

「第一道門：主要入口，九九%的人都在這裡排隊，希望能進去。第二道門：VIP入口，億萬富翁和名人從這裡溜進去。但沒人告訴你的是，那裡總是、總是會有……第三道門。想找到這道門，你必須跳出隊伍，跑到小巷子裡，砰砰砰地敲那道門上百次，甚至撬開窗戶，偷溜進廚房——反正，總有辦法。」

心理彈性的基本特質，就是心理學家所謂的「路徑思考」（Pathways thinking），這種能力讓人懂得尋找或創造許多可行路徑，以達到既定的結果[10]。你的心理彈性愈高，愈願意嘗試多種方法抵達你想要去的地方。反之，你愈僵化固執，愈容易武斷地使用同樣的方法，儘管那方法被證明行不通了。

正如愛因斯坦說的：「瘋狂的定義是，一遍又一遍地做同樣的事，卻期待會有不同的結果。」

路徑思考是「希望」的核心層面。研究顯示，滿懷希望的人會接受「失敗」，並利用它們來適應和找到實現目標的替代路徑。另一方面，不抱希望的人遇到障礙時，只是抽離並轉移自己的注意力——比

擴大生活的掌控權

「你用勝利的大腦來識別、實現和衡量每天的進步，這將不斷擴大生活各個領域的自我掌控權。」

如轉向社群媒體。但他們沒有從經歷中學習。[11][12][13][14][15]

與其待在落差心態，希望「壞」的事情不會發生在你身上，不如接受艱難的經歷，並把它們轉變為收穫。霍華就是這麼做的，在經濟損失極為嚴重之際，他把這次經歷轉化為學習和長期的收穫。

在《峰與谷》（*Peaks and Valleys*）一書中，史賓塞・強森（Spencer Johnson）醫師解釋到，生活中的好事會發生，是基於人們在「低谷」所做的事情；而生活中的壞事會發生，是基於他們在「高峰」所做的事情[16]。

高峰代表進展順利的時候，而低谷是指遭遇痛苦或困難的時候。低谷可能是健康問題，可能是金融危機，可能是你失去了工作，可能是失去親密的朋友或孩子。

在人生的不同階段，我們都有過低谷時期。但正如強森所解釋的，生活中的好事會發生，是由於我們在低谷時所做的事。你經歷低谷時，可以從中學習，也可以挫敗投降。

選擇權在你；教訓會不斷重複，直到你學會為止。

如果你擁抱低谷並從中學習，你可以利用經歷過的一切，在未來創造更大的高峰。前提是你把低谷的經歷視為收穫而不是落差。

以連續創業家李奇和娜塔莉・諾頓（Rechie and Natalie Norton）為例，他們兩人經歷過許多黑暗深沉的低谷時刻。

二〇一〇年一月七日上午，李奇和娜塔莉三個月大的兒子蓋文過世了。這之前的兩個星期裡，他們一直在醫院等待和祈禱。當他們發現兒子撐不下去時，心都碎了。「我們可能會就此垮掉。」他們說，看向彼此充滿淚水的眼睛。然而，他們當場做了決定：

「不管發生什麼事，不管有多艱難，我們會為了蓋文過得更好。我們會因為蓋文活得更好；我們會為了蓋文維持更好的婚姻；我們的婚姻會因為蓋文變得更好。」

這並不是他們經歷的唯一一次重大悲劇。

蓋文去世的兩年半之前，娜塔莉二十一歲的弟弟蓋文毫無預警地在睡夢中離世（因此他們給兒子取名為蓋文）。二〇一六年，他們的兒子

控制你的反應

「成功者不會控制事件，他們控制自己對事件的反應。」

蓋文去世六年後，李奇和娜塔莉在一次失敗的領養手續中失去了三名領養的孩子。他們像愛自己的孩子一樣愛著這些孩子，失去孩子讓他們心碎。幾個月後，娜塔莉中風，喪失記憶。幸好，她大致上康復過來了。

二〇一七年，他們十一歲的兒子林肯在家附近過馬路時，被一位開車分心的司機撞上。林肯昏迷了好幾天，他們不知道他是否能活下來，或如果他活下來了，會不會變成植物人。對諾頓夫婦來說，令人心痛的悲劇一場接著一場上演。顯然，他們不希望有如此經歷。然而，儘管聽起來很瘋狂，但他們真心相信這些經歷讓他們的生活變得更好。在這樣艱困的時期，李奇常常問自己這樣的問題：

- 「神為什麼要這樣對我？」

- 「為什麼我們的孩子死了，而別人的孩子卻沒有？」

他後來意識到，事物本身並沒有內在意義。尋找意義只是徒勞，不會有任何結果。尋找意義會讓你進入落差心態，因為你必定會拿自己的情況與他人做比較，從而產生優越感或不足感。

李奇認為，比起去尋找意義，我們每個人該做的是，**為生活中的事件和經歷創造意義**。在他們的兒子蓋文去世的那天早上，李奇和娜塔莉做了一個決定：「我們必須因為這件事而變得更好，而不是變得更痛苦。」

從那天晚上開始，李奇改變了他的生活方式。

當時他是一家金融公司的總裁。兒子去世之後，他辭去了工作，回學校申請攻讀MBA。他和娜塔莉也開始撰寫他們一直想寫、卻拖了十年之久的書：《蠢方法才是好方法》（*The Power of Starting Something Stupid*）[17]。

這些糟糕的經歷喚醒了李奇。他不會繼續等待或觀望而不去追逐自己的夢想了。他現在明白時間有限，沒有人知道自己會活多久。因此，他發誓不再浪費生命中的每一天。

他再也不害怕了。

他會為夢想全力以赴。

他會為家人全力以赴，現在就開始創造改變人生的時刻和回憶。

諾頓一家人有自己獨特的風格，他們住在夏威夷，鄰近海灘旁。他們喜歡到海邊散步、衝浪和放鬆。他們定期展開長達幾個月的公路旅行和假期，並喜歡在出外探險的時候，思考和釐清財務問題。

李奇經常帶兒子們搭乘單程飛機到美國本土或其他國家，沒有預先安排任何計畫，想去哪裡就去哪裡，然後在某個時刻決定何時回家。

李奇的「篩選器」——他的價值體系、成功標準和個人規則，因為他的經歷變得更加清晰、精細。如果他認為某項事業會讓他遠離家庭，那麼不管潛在的利潤有多高，他都不會去做。他不會做任何不在自己時間表之內的事情，同時堅持絕對的自由，這樣他就可以在世界上任何他想去的地方工作。

李奇和娜塔莉把他們最痛苦的經歷變成了非凡的收穫。

他們真誠地感謝自己的經歷。

他們已經掌握了這些故事的意義和框架。

他們對自己的過去採取積極主動的態度。

重視「創造意義」這件事

「愈重視的東西，意義就愈大。我們最重視、最珍惜的東西存在最大的意義。因此，世界上的一切價值和意義，完全由人的重視程度所創造。」

他們決定過去代表的意義。
他們決定他們最後該做什麼。
他們因為這些挑戰變得更好，而不是更糟。

經歷不是用來比較，而是用來轉化

「控制過去等於控制未來，控制現在等於控制過去。」
——喬治・歐威爾（George Orwell），《一九八四》⓲作家

「你的過去只是個故事。一旦你理解了這點，過去就控制不了你。」
——恰克・帕拉尼克（Chuck Palahniuk）⓳，《鬥陣俱樂部》（*Fight Club*）作家

幾年前，丹為了幫助客戶增進學習和找出收穫，開發了一個名為「經歷轉化器」的工具。這個工具的使用目的是從所有經歷中提取出最大的價值。丹解釋說：

「人最偉大的能力之一，就是從經歷中學習的能力。一直以來，我們受益於那些分析自己的經歷並提供重要教訓給大家使用的人……」

「然而，對其他許多人來說，他們的生活充滿經歷，卻沒有學習……」

「有些人雖然想從自己的經歷中學習，卻被某些情況下產生的強烈情緒所蒙蔽。我們寧願把這些問題放在一邊，直到我們覺得自己比較有能力處理它們的時候再處理。然而，最好的學習時機就在你感受最強烈的時候……」

「經歷轉化器是一個思考過程，能讓你迅速將個人生活或工作中的負面或正面情緒強度轉化為教訓、創新和突破。」

想要運用體驗轉化器，請拿出你的筆記本，按照下面的指示進行：

- 選定一個特定的經歷，無論正面或負面。

- 問問自己：這次經歷產生哪些東西？

- 你能從這次經歷中得到什麼「有用的東西」，以改善你的未來？

- 關於這次經歷中你不想要的部分，你能從中學到什麼？

- 有了這次經歷之後，根據你現在所學的，未來如果再發生類似事件時，你將如何以不同的方式處理？

- 這個經歷中你最感激的部分是什麼？

當你抱持著收穫心態，你可以完全掌控自己的經歷。藉由完全掌控經歷和過去，你可以對它們做任何你想做的事。你可以改變那段經歷的意義，或將其視為毫無意義。當你抱持著收穫心態，你轉化了你的經歷。

當你抱持著落差心態，你拿自己的經歷與他人做比較，結果覺得自己的生活更糟了。這正是沒有掌控自己的經歷，反而在情緒上疏遠它們，最終，造成不同程度的壓抑創傷。

「轉化」經歷代表你一次又一次地回到過去的經歷，透過自己不斷進化的思考和推理，改變那些經歷對你的意義。你還會不斷地從經歷中汲取新的教訓。

當你把自己的過去視為一座金礦，可以一次又一次地挖掘。正如丹解釋的那樣：

「通常不會有人鼓勵我們去處理經歷中的負面部分，但當你能從負面經歷中吸取教訓，並將其積極應用於未來，你就轉化了負面經歷。」

「在我自己的生活中，我發現轉化的經歷愈多，我就愈有信心，相信自己能夠處理未來任何新的、負面的或不和諧的事情。[20]」

你愈將經歷轉化為學習和成長，這些經歷在客觀角度上就會變得愈好。透過持續地學習，你將能夠做到以前的自己做不到的事情，創造出自己以前無法創造的東西，擁有自己以前無法擁有的東西。

正如美國作家史達林・西爾（Sterling Sill）所說：「最成功的人，是那些擁有最有價值經歷的人[21]。」

轉化經歷也能讓你以最有效的方式組織過去。如果你的過去很混亂，是無法真正理解自己的情緒或想法，即使它們仍然影響著你。沒有組織與轉化的過去令人混亂、困惑。另一種方式形容，就是創傷。

一旦違背了你的期望，會嚴重到失去生命的意義和身為人的價值，這就是創傷[22]。這其實是對經歷的失衡信念，並持續對現在和未來造成失衡。當一個人逃避和怨恨自己的過去，而不去面對和轉化過去時，創傷就此產生[23]。

你的過去不是固定的，而是靈活的。你對過去的看法其實會隨著時間而演變，甚至連你自己都沒有察覺。

例如，我的一位朋友帶全家人去泰國度假。抵達目的地之後，五名孩子卻生了病，結果整個假期都泡在飯店浴室裡清理生病的孩子。這對家中的每個人來說是一次糟的經歷，但現在他們都笑著談論此事，還能拿它開玩笑！隨著時間推移，他們已經把過去變

珍惜周圍的一切

「主動的感恩是指珍惜你周圍的一切。不是因為世界先幫你做了特別的事情，你才感恩，而是你先為世界做特別的事情。」

成了一種幽默的經歷，而非不愉快的經歷。

正如悲傷專家和精神病學家戈登・李文斯頓（Gordon Livingston）醫師解釋的那樣：

「我們生活中的故事絕非固定的敘述，而是不斷地修改……我們都能為過去塗上快樂或悲傷的色彩。[24]」

過去只不過是你賦予它的意義。創傷經歷可以改變，它們並非固定不變。人在面對過往經歷時有兩種動機表現：接近或迴避[25]。落差心態讓你迴避過去成為受害者，阻止你掌控自己的過去。然而，收穫心態讓你將經歷轉化為收穫，並賦予你選擇的意義。你愈早將經歷定義為收穫而不是落差，你就能愈快前進並療癒創傷。

這就是你判斷一個人是否從創傷中痊癒的方式：他們真摯地把過去的經歷視為一種收穫。他們誠實地說，他們很感激從這些事件中學到的教訓[26][27][28]。他們不再因為過去而「無能」或「更糟」。

收穫心態是看待任何經歷時，最強大的詮釋方式。

收穫心態能賦予你力量，讓你完全掌控自己的經歷和過去。創傷後成長（post-traumatic growth）發生在你積極主動地從以前的痛苦中找到收穫的時候[29]。你主動重新定義悲劇或挑戰，認定它們讓你比經歷這件事之前更有力量和能力。如果不主動轉化傷害自己的經歷，你就不可能有創傷後成長。

為了體驗創傷後成長，你必須主動思考那段經歷及其後果，就像丹的「經歷轉化器」練習一樣[30]。

透過從經歷中獲得「價值」和「用處」，你就能夠「成長」。當你抱持著落差心態，你看不出某些經歷有哪些用處，你只希望它們沒有發生過。落差心態是被動；收穫心態是主動。當你抱持著收穫心態，你能從經歷中提取用處、教訓和目的。你因為這些經歷而變得更好、更有見識、更有能力，你從經歷中獲得目標和意義。

這就是為什麼抱持收穫心態如此重要。當你抱持著收穫心態，馬上能把艱辛的經歷變成更強勁的成長、意義和目的。

主動感恩帶來成長

「主動的感恩能讓你與世界建立一種特殊的關係——一種價值、意義和幸福都不斷增長的關係。」

花些時間坐下來反思你的經歷，就是心理學家所說的**謹慎型反芻思考**（deliberate rumination）[31]。這種時候，你會：

- 主動反思這段經歷。
- 主動創造你希望這段經歷帶給你的意義。
- 以積極的方式改變你對它的敘述。

只要你把這段經歷定義為收穫，你就能充滿力量地繼續前進。這種主動的思考過程，在以自傳方式寫下來時（比如寫日記）會被大幅強化[32]。特別是你寫下的這些經歷包含感恩情緒時，效果會加倍[33][34]。

如果你不花時間把經歷轉化為成長和目標，而是以落差心態迴避你的經歷，那麼你就會體驗到所謂的侵入型反芻思考（intrusive rumination）。這時候，不舒服的想法和情緒會隨機攻擊你，觸發過去的痛苦情緒。那些不舒服的情緒和混亂的想法持續存在，直到你願意轉化經歷並選擇其意義為止。

當你抱持著收穫心態，你掌控自己的經歷；當你抱持著收穫心態，你主動轉化自己的過去。你回到過去的經歷，一次又一次地轉化它們，從中獲得新的教訓和見解。當你抱持著收穫心態，你會因為那些辛苦的經歷而變得更好。你能「反脆弱」（antifragile）。

正如納西姆・塔雷伯（Nassim Taleb）博士解釋的那樣：「反脆弱超越了彈性和堅韌。彈性抵禦衝擊並保持不變，反脆弱讓人愈來愈強大。[35]」

如果你以這種方式來衡量各種經歷，那麼你每天都會有不斷增長的勝利或學習感——從不失敗，這就是反脆弱。把每個經歷都視為收穫，能讓你反脆弱。把每個經歷（即使是最艱難的經歷）轉化為收穫，可以讓你反脆弱。每一次用收穫心態看待事物，都能增加你的彈性。

抱持著收穫心態使你持續前進，不管發生了什麼事。而且不只是前進，而是以一種更明智、更感恩、更積極的方式前進。

重點一次看

- 抱持著收穫心態不只能看到人生的光明面，還包括接受人生帶給你的每一種經歷，並將其轉化為對你有益的東西。
- 當你抱持著落差心態，你會問自己：「為什麼會發生這種事？」表現得像個受害者。
- 當你抱持著收穫心態，你控制過去的意義、你珍惜自己的過去，並將其視為寶貴的回饋，看清你真正想要的和重視的事物。
- 收穫心態是一種面對與處理的生活方式，能把每一個低谷都變成未來的高峰。
- 收穫心態使你接受各種經歷並變得更好，而不是更痛苦。

結語

生命、自由，和擴展幸福

「比別人強，不算高貴。比以前的自己強，才是真正的高貴。」

——海明威（Ernest Hemingway），美國小說家、記者

傑佛遜這條「生命、自由，和追求幸福」的公式，使幸福成為一個無法實現的理想。

傑佛遜有理想並沒有錯。

然而，**他錯在用理想來衡量自己的幸福**。

當你追求幸福，你就是用自己追求的東西來衡量自己。沒有人，即使是傑佛遜自己，能夠用「追求幸福」的公式獲得幸福。這是一條非常糟糕的幸福公式。

打從一開始，這個根本基礎就錯了：幸福不是你要去追求的東西。

原因很簡單，理想是你從未真正實現過的東西。試圖實現某個理想，總是讓你處在落

差心態。理想就像沙漠中的地平線，照亮前方的道路，給你方向去設定可實現和可衡量的目標。但是，就像地平線一樣，理想本身是不可衡量、不可觸及，而且不斷移動的。

理想不是拿來衡量自己的成功與幸福。為什麼要拿自己永遠碰不到的東西來衡量自己呢？

與其像傑佛遜那樣用理想衡量自己，不如用一個更好的公式，讓你擁有幸福、信心和成功：**永遠都以過去來衡量自己**。

「以過去來衡量」的意思是，你根據過去的狀況來衡量自己的進步程度。以過去來衡量自己，你會得到以下好處：

- 把自己從落差心態中解放出來。
- 你可以離開享樂跑步機，不需要愈來愈拚命地追求一個無法達到的目標。
- 你不再拿自己和別人做比較或競爭。
- 你會欣賞真正的自己。
- 你欣賞進步的自己。

- 你珍惜生活中的一切。
- 你把每個經歷都視為收穫。
- 你可以將每個經歷都轉化為收穫。
- 你永遠不需再從零開始努力，你會永遠帶著所有收穫的動力。
- 基於你已經獲得的幸福，你快樂地展開每一天，而且每天一再擴展這種快樂，因為你知道快樂來自於用過去衡量自己的進步。

今天開始，我們不再追求幸福。你現在就能解放自己，不再用理想來衡量自己。現在起，你可以選擇快樂。就是此刻，你讀到這幾句話時：你可以選擇快樂。無論你正試圖從哪裡努力找到幸福，你現在可以解脫了。

你可以從希望人生有所不同中解脫，可以從一成不變的過去中解脫。你有能力將過去的任何經歷轉化為收穫。

你有能力接受此時的任何經歷，並把那一刻當做收穫來珍惜，而不是用理想來衡量或比較。隨著你每天衡量自己的收穫與進步，你會比昨天更快樂；比昨天走得更遠；比昨天更自由；比昨天更像你自己。

隨著你每天衡量自己的收穫，你也會愈常看到別人的收穫。你不會像過去那樣，用遙不可及的理想來衡量別人，你只會衡量他們的收穫。

你怎麼看待一件事，就怎麼看待一切。是你訓練大腦該看什麼。

你衡量的收穫愈多，看到的收穫也就愈多；你看到的收穫愈多，創造的收穫也就愈多；你創造的收穫愈多，你會愈快樂、愈自由。

幸福是你的起點，每一次你創造收穫，並根據過去衡量自己的進展時，你就會擴展幸福。

你需要走多遠？

「相信我，總有一天你一定會明白——你會開心地醒來，你會沒來由地微笑，你的雙手不再顫抖。總有一天，你會想起一年前、三年前，甚至一星期前的自己，你會為自己的奮鬥感到高興。你會高興自己堅持了下去。」

——比安卡・史帕拉奇諾（Bianca Sparacino）❶，知名部落客你的人生中已經有了不可思議的收穫。

你已經比自己意識到的走得更遠。

如果你已經開始真正領會收穫心態的力量，你會立刻變得謙卑。總有那麼一刻，你會意識到自己竟然已經走了那麼遠。

你的收穫會淹沒你；你會驚嘆於你所經歷過的所有低谷；你會難以置信所有朝著你湧來的奇蹟和好運。

對那些愛你、只為了給你機會而犧牲的人們，千言萬語，卻盡在不言中。

就在昨天，我回家探望家人，走進小時候的家時，我就經歷了這樣的時刻。

我記得過去的自己是什麼模樣，記得我克服了哪些挑戰和障礙才走到今天。我回想起二〇一〇年，我從教會傳教之旅回來，以零學分開始上社區大學時的情景。我回想起在那之前，我還是個十歲的小男孩時，我回家聽到父母吵架，看到爸爸哭著說：「她走了，班。她再也不會回來了。」

我回想起失意的爸爸吸毒成癮，看著周圍的世界崩塌，那種完全迷失的孤獨感。我回想起我花在逃避人生、沉溺在《魔獸世界》中的數千個小時，住在表哥家的沙發上，盡己所能地自暴自棄，反正人生已經放棄了我。

我回想起我開始跑步，以及我人生中第一次看到自己成功做著某件事情的感覺。我記得第一次跑完半程馬拉松那時，媽媽和巴克在終點線等著我。然後我又完成了第一次馬拉松，當時身體疲憊不堪到幾乎無法動彈。

我回想起參加教會傳教之旅時，我心裡的承諾，這是我不再回頭的經歷——從現在起，班傑明・哈迪將活出最好的人生。我回想起我寫過的數百本日記和讀過的數千本書。我回想起我曾三次申請當傳教講師，但都被拒絕了。我回想起終於得到那份工作，全身心投入地幫助傳教士們。

我想到第一次申請研究所時，被十五所學校拒絕。後來找到了我最好的導師，請他教我如何有信心地寫作。我回想起進入克萊姆森大學攻讀博士學位，但有好幾次都差點被退學，一來是我犯了錯，再者是因為我不符合那種學習模式。我回想起系主任鮑勃・辛克萊（Bob Sinclair），在我即將被永久退學時，他是我的救命繩索。他是我完成博士學位的最後機會，在那之前我已在大學裡努力了八年的時間來達成目標，但差點就失去了一切。

我回想起我妻子六年多來，為了懷孕所忍受的所有生育治療。我記得她把巨大的針刺進身體裡，以及多年來每天晚上記錄她的月經週期，卻一遍又一遍地得到同樣的結果。

我回想起那個討厭我們、多次非法試圖把我們孩子帶走的寄養機構。我記得我們的律師，戴爾．達夫（Dale Dove），一位令人敬畏的人，他一生致力於理解法律，專精到其他律師看起來像個傻瓜。他致力於改變南卡羅來納州的法律，使養父母擁有更多權利。

我記得聽到那位法官說：「本庭宣布，這些孩子現在是你們的了。」我記得當時的衝擊，花了三年在法庭與寄養系統抗爭，花了三年克服我擔任父親的不安全感，我現在是一名真正的父親了。

我記得論文口試時犯了各種錯誤，就連我都開始懷疑自己的時候，鮑勃還是鼓勵我。我記得拿到第一本書的合約，我投入一切努力只為了讓這本書成功。我記得我花了非常多錢，試圖讓書登上暢銷排行榜卻沒有成功，我覺得自己在妻子面前像個騙子。

我記得為了趕上截止日期而熬夜的那些日子，經常因壓力和擔心寫不出東西而生病。我記得第一本作品發表時，幾乎沒有人買。我記得第一次書籍大賣時，突然之間擁有一大筆多到我不知道該怎麼花的錢。然後我浪費掉了大部分的錢，因為我實在不知道該怎麼理財。我記得看到妻子生下了我們的雙胞胎女兒，後來又生下了小兒子雷克斯。

我記得所有讓我走到現在的高峰和低谷，我坐在這裡，對上帝賦予我的人生感到謙卑和讚嘆。當我有一百萬個理由，在先前的一百萬個里程碑前停下腳步時，我還是選擇繼續戰鬥，這讓我感到謙卑。

現在回首來時路，簡直不敢想像。我真的走到這一步了嗎？哇。如果我已經走了這麼遠，如果我真的過著我現在的生活，那接下來我還能做什麼？

生活變成了一個持續上升的螺旋。我已經有很多收穫了。但前方還有無限多的收穫，每當我向前走一步，都比以前的自己走得更遠、更明智。漸漸地，我對自己想要的東西有了更清晰的認識，而且我有能力比以前更快得到。丹解釋說：

「隨著繼續前進，你會注意到，你未來想要的一切，都比你過去做的事情更容易實現、更容易衡量。」❷

這就是待在收穫心態的模樣和感覺。

你現在就可以得到它。這一刻，你馬上就可以得到它。幸福就在這裡，就在你面前。問題是：你會選擇它嗎？還是繼續用浮動的理想和外在的東西來衡量自己？如果你選擇了以收穫心態過生活，那麼你會比以往更加謙卑和清晰。你會讓幸福成為起點，而你每天都在擴展它。

現在你必須問自己的問題是：我需要走多遠？

你是唯一能回答這個問題的人。
你是唯一為自己設定標準的人。
你是唯一為自己決定方向的人。
你是唯一要對自己的經歷和收穫做出評判的人。
你可以決定你能接受多少收穫。
你可以決定你將創造多少收穫。

你創造的收穫愈多，你對自己要過的生活和創造的未來會更精準和有選擇性。你創造的收穫愈多，你和你的人生會變得愈獨特，愈與眾不同。

當你抱持著收穫心態，沒有人能複製你，因為沒有人擁有和你一樣的經歷——也沒有人能像你那樣，將這些經歷轉化為收穫。

你已經走了這麼遠了，回頭看一下你開始時的位置。你現在要做什麼？你要走多遠？你可以自己決定。

隨著你向前邁出每一步，都要記得回頭衡量自己的進步，並為自己走了多遠而愈感謙卑。

丹的謝辭

《收穫心態》中的內容，以及「策略教練」中的所有基本思考工具，都源自於我與各個領域的終生夥伴芭布斯・史密斯數千小時的討論。

我們知識淵博又睿智的團隊領導夏儂・沃克（Shannon Waller）、凱西・戴維斯（Cathy Davis）和朱麗亞・沃克（Julia Waller）提供了寶貴的微調，完成了最終手稿。

如果沒有我與班・哈迪、塔克・馬克斯和瑞德・特雷西（Reid Tracy）的非凡合作，寫出這樣一本書的可能性將永遠是個理想，而不是已經達成、令人深感滿意的可衡量成就。

與過去二十年間的許多其他偉大專案一樣，我要感謝喬・波利許和迪恩・傑克遜的創業者洞察力。還有，如果沒有那些慷慨分享「落差心態與收穫心態」故事的人，這本書就不會是今天的樣子。

感謝以下策略教練團隊的創業者們，他們撥出時間接受班和策略教練團隊成員的採訪，分享他們在自己的生活和事業中使用收穫心態的經歷：瑪麗・艾伍德（Mary Atwood）、凱蒂・巴克斯特（Katie Baxter）、比爾・布倫（Bill Bloom）、賈斯汀・布林（Justin Breen）、安德瑞・布里森（Andre Brisson）、克萊兒・布洛斯（Claire Burroughs）、克里斯・卡爾森（Chris Carlson）、朱莉雅・卡爾森（Julia Carlson）、吉賽兒・查曼（Giselle Chapman）、凱特・德沃斯特（Kate Dewhirst）、霍華・蓋特森（Howard Getson）、傑米・古提瑞斯（Jamie Gutierrez）、英格麗・希巴德（Ingrid Hibbard）、迪恩・傑克遜、史考特・賈列（Scott Jared）、比爾・金（Bill Keen）、彼特・科佛（Pete Kofod）、貝絲・克拉索斯基（Beth Kraszewski）、布萊恩・克茲（Brian Kurtz）、安娜・拉爾森（Anna Larson）、那哈・馬爾德（Neha Malde）、傑佛瑞・馬克斯（Jeffrey Marks）、卡洛琳・諾藍（Carolyn Nolan）、毛烈斯・派坦（Maurice Patane）、吉絲卡・派屈-庫爾曼（Jiska Pesch-Kuilman）、凱蒂・瑞蘭（Katie Ridland）、艾瑞克・羅曼（Eric Roman）、雀莉・沙迪（Cheryl Sady）、查德・威拉德森（Chad Willardson），和吉兒・楊（Jill Young）。

我也非常感謝我們的助理教練，羅素・史密特（Russell Schmidt）、安德瑞安・道菲（Adrienne Duffy）、蓋瑞・莫特雪德（Gary Mottershead）、吉娜・佩立吉尼（Gina

Pellegrini）、特瑞莎・伊斯勒（Teresa Easler）、李・布勞爾（Lee Brower）、金・巴特勒（Kim Butler）、瑪莉・米勒（Mary Miller）、派蒂・馬拉（Patti Mara）、柯琳・鮑勒（Colleen Bowler）、大衛・巴屈勒（David Batchelor）、彼得・巴課（Peter Buckle）、蓋瑞・克拉班（Gary Klaben）、查德・詹森（Chad Johnson）、史蒂芬・努諾（Steven Neuner）和大衛・布拉斯韋德（David Braithwaite），感謝他們跟我們分享他們各自的故事，並將收穫心態的概念，以及他們自己的經歷、見解和智慧，傳授給數千名策略教練創業者。

這種心態讓人獲益良多，如果沒有這群人的專業指導，這概念不可能有這麼大的影響力。

班傑明的謝辭

我從第一次聽到「落差心態」與「收穫心態」的概念，就愛上了它。很榮幸能與丹・蘇利文一起寫這本書。

首先，我要感謝丹，感謝他提出這個改變人生的想法和框架。丹的思想改變了無數人的生活，我只是其中之一。我還要感謝芭布斯・史密斯對我的信任，讓我能夠在丹和芭布斯在策略教練所做的工作中，扮演這樣一個親密而獨特的角色。我知道策略教練的工作非常特別且啟發人心，我非常謙卑地從這項重要的工作中學習，並成為其中的一員。

謝謝我的編輯塔克・馬克斯，再一次讓這本書成為現實。你幫我們和賀氏書屋出版社達成了出書協議，你幫我理清這本書的思想，你也是我認識最好的心理學家，幫我克服了自己的情緒障礙和包袱。謝謝你是個如此頭腦清醒又有愛心的人，謝謝你幫我克服情緒障礙，謝謝你幫助我掌握自己的人生，謝謝你幫助我成為一個更好的作家和思想家。

感謝賀氏書屋的團隊——瑞德・特雷西、派蒂・吉福特（Patty Gift）和梅洛迪・蓋伊（Melody Guy），選擇與我和丹合作。和賀氏書屋合作非常愉快。在每一次交流時，我都能感受到來自瑞德和派蒂的尊重和支持。我也喜歡和梅洛迪直接合作，那種合作的感覺非常棒。在寫《收穫心態》的早期階段，我一直掙扎著不知如何為這本書建立正確的框架，在與梅洛迪的一次談話中，我終於能夠闡明我希望這本書如何流動。謝謝你們大家！

謝謝我的母親，蘇珊・奈特，花了無數個小時和我一起潤飾這本書。我們用Zoom視訊對話，她允許我大聲唸出可怕又不通順的草稿給她聽。在我們一起慢慢調整每個單字和句子時，她表現出令人難以置信的直覺和關愛。媽，非常感謝你一直以來對我和這份工作的愛和支持。沒有你，這些書不會這麼周全。

敬我美麗的妻子蘿倫，還有我們六個可愛的孩子——凱勒布、喬丹、羅根、柔拉、菲比和雷克斯。蘿倫，謝謝你持續的鼓勵和支持，尤其是在我狀況不好的時候。感謝你一直信任我，幫助我相信，身為一個人、一個男人、一個丈夫和一個父親，我可以繼續成長和成功。致我的孩子們：謝謝你們出現在我的生命中，謝謝你們給了我這麼大的鼓舞和支持，你們讓我的每一天都變得更好。透過你們，我對落差心態與收穫心態的認識比任何人都深。我承諾，未來我會為了你們更常待在收穫心態中，這樣我就能幫助你們意識到你們自己是多麼神奇。

致我的父親，菲力浦・哈迪，謝謝你是一位了不起的父親，謝謝你將自己的挑戰和艱辛轉化為人生的收穫，謝謝你不管過去發生了什麼事，還是成為一個繼續成長和進步的榜樣。你真了不起！謝謝你對我和我家人的大力支持。謝謝我的兄弟，崔弗和雅各。你們兩個對我來說非常重要，我深愛著你們。

最後，謝謝上帝。謝謝祢給了我這一輩子，它是真正令人難以置信的教育和經歷。謝謝祢給我機會和能力，把我所有的經歷轉化為收穫。謝謝祢慷慨地賜予我智慧與學識。謝謝祢看到了我的收穫，而不是我的落差。我感受到祢的親近，我知道自己被愛，我知道祢幫助我繼續增長我的收穫。謝謝祢。

原文註釋

序章

1 Jefferson, Thomas. (1763). From Thomas Jefferson to John Page, 15 July 1763. Founders Archives. https://founders.archives.gov/ documents/Jefferson/01-01-02-0004

2 National Science Foundation. (2020). *COVID Response Tracking Study*. University of Chicago. Retrieved on March 27, 2021, at https://www.norc.org/Research/Projects/Pages/covid-response-tracking-study.aspx

3 Erez, M., & Earley, P. C. (1993). *Culture, self-identity, and work*. Oxford University Press on Demand.

4 Barnard, J. W. (2008). Narcissism, over-optimism, fear, anger, and depression: The interior lives of corporate leaders. *University of Cincinnati Law Review*, 77, 405.

5 Cubbon, L., Darga, K., Wisnesky, U. D., Dennett, L., & Guptill, C. (2020). Depression among entrepreneurs: A scoping review. *Small Business Economics*, 1–25.

6 McKeown, G. (2021). Effortless: Make it easier to do what matters most. Currency.

7 Sheldon, K. M., & Lyubomirsky, S. (2012). The challenge of staying happier: Testing the hedonic adaptation prevention model. *Personality and Social Psychology Bulletin*, 38(5), 670–680.

8 Lyubomirsky, S. (2011). *Hedonic adaptation to positive and negative experiences*. Oxford University Press.

9 Eysenck, M. W. (1994). *Happiness: Facts and myths*. Psychology Press.

10 Grover, Tim. (2021). *Winning: The unforgiving race to greatness* (Tim Grover Winning Series). Scribner.

11 Sullivan, D. (2019). Always be the buyer: *Attracting other people's highest commitment to your biggest and best standards.* The Strategic Coach Inc.

12 Godin, S. (2015). *Poke the box: When was the last time you did something for the first time?* Penguin.

13 Godin, S. (2012). *The Icarus deception: how high will you fly?* Penguin.

14 Campbell, J. (2008). *The hero with a thousand faces* (The collected works of Joseph Campbell). New World Library.

第一章

1 Jansen, Dan. (2020). Dr. Jim Loehr on mental toughness, energy management, the power of journaling, and Olympic gold medals (#490). *The Tim Ferriss Show*. Retrieved March 2, 2021, at https://tim.blog/2020/12/28/jim-loehr-2/

2 Walsh, L. C., Boehm, J. K., & Lyubomirsky, S. (2018). Does happiness promote career success? Revisiting the evidence. *Journal of Career Assessment*, 26(2), 199–219.

3 Fredrickson, B. L. (2004). The broaden-and-build theory of positive emotions. *Philosophical Transactions of the Royal Society of London, Series B: Biological Sciences*, 359(1449), 1367–1377.

4 Park, G. (2021). The benefit of gratitude: trait gratitude is associated with effective economic decision-making in the ultimatum game. *Frontiers in Psychology*, 12, 590132.

5 Sitzmann, T., & Yeo, G. (2013). A meta-analytic investigation of the within-person self-efficacy domain: Is self-efficacy a product of past performance or a driver of future performance? *Personnel Psychology*, 66(3), 531–568.

6 Ravikant, N. (2016). Naval Ravikant on happiness hacks and the 5 chimps theory (#136). *The Tim Ferriss Show*. Retrieved on March 29, 2021, at https://tim.blog/naval-ravikant-on-the-tim-ferriss-show-transcript/

7 Rollings, Michaela. (2014). The difference between wanting someone and needing them. *Thought Catalog*. Retrieved on May 22, 2021, at https://thoughtcatalog.com/michaela-rollings/2014/05/the-difference-between-wanting-someone-and-needing-them/

8 Undisputed. (2021). Shannon reacts to Trevor Lawrence's response to perceived lack of motivation | NFL | UNDISPUTED. FOX SPORTS. Retrieved on July 8, 2021, at https://www.youtube.com/watch?v=MdBIR-NbAjc&t=22s

9 Lawrence, Trevor. (2021). Twitter response to media about his *Sports Illustrated* comments. Retrieved on May 22, 2021, at https://twitter.com/Trevorlawrencee/status/1383467135410655235

10 Lawrence, Trevor. (2021). Stephen A.'s 1-on-1 interview with Trevor Lawrence before the 2021 NFL Draft | First Take. YouTube: ESPN channel. Retrieved on May 22, 2021, at https://www.youtube.com/watch?v=CjKBGp9Zrko&t=49s

11 Vallerand, R. J., Salvy, S. J., Mageau, G. A., Elliot, A. J., Denis, P. L., Grouzet, F. M., & Blanchard, C. (2007). On the role of passion in performance. *Journal of Personality*, 75(3), 505–534.

12 Bonneville-Roussy, A., Lavigne, G. L., & Vallerand, R. J. (2011). When passion leads to excellence: The case of musicians. *Psychology of Music*, 39(1), 123–138.

13 Vallerand, R. J. (2010). On passion for life activities: The dualistic model of passion. In *Advances in experimental social psychology* (Vol. 42, pp. 97–193). Academic Press.

14 St-Louis, A. C., Verner-Filion, J., Bergeron, C. M., & Vallerand, R. J. (2018). Passion and mindfulness: Accessing adaptive self-processes. *The Journal of Positive Psychology*, 13(2), 155–164.

15 Amemiya, R., & Sakairi, Y. (2019). The effects of passion and mindfulness on the intrinsic motivation of Japanese athletes. *Personality and Individual Differences*, 142, 132–138.

16 Carpentier, J., Mageau, G. A., & Vallerand, R. J. (2012). Ruminations and flow: Why do people with a more harmonious passion experience higher well-being? *Journal of Happiness Studies*, 13(3), 501–518.

17 Stenseng, F., & Dalskau, L. H. (2010). Passion, self-esteem, and the role of comparative performance evaluation. *Journal of Sport and Exercise Psychology*, 32(6), 881–894.

18 Carpentier, J., Mageau, G. A., & Vallerand, R. J. (2012). Ruminations and flow: Why do people with a more harmonious passion experience higher well-being? *Journal of Happiness Studies*, 13(3), 501–518.

19 Rheinberg, F., & Engeser, S. (2018). Intrinsic motivation and flow. In *Motivation and Action* (pp. 579–622). Springer.

20 Keller, J., & Bless, H. (2008). Flow and regulatory compatibility: An experimental approach to the flow model of intrinsic motivation. *Personality and Social Psychology Bulletin*, 34(2), 196–209.

21 Seifert, T., & Hedderson, C. (2010). Intrinsic motivation and flow in skateboarding: An ethnographic study. *Journal of Happiness Studies*, 11(3), 277–292.

22 Duckworth, A. L., Peterson, C., Matthews, M. D., & Kelly, D. R. (2007). Grit: Perseverance and passion for long-term goals. *Journal of Personality and Social Psychology*, 92(6), 1087.

23 Verner-Filion, J., Schellenberg, B. J., Holding, A. C., & Koestner, R. (2020). Passion and grit in the pursuit of long-term personal goals in college students. *Learning and Individual Differences*, 83, 101939.

24 Zhao, Y., Niu, G., Hou, H., Zeng, G., Xu, L., Peng, K., & Yu, F. (2018). From growth mindset to grit in Chinese schools: The mediating roles of learning motivations. *Frontiers in Psychology*, 9, 2007.

25 Shinn, F. S. (2012). *The new game of life and how to play it*. Simon and Schuster.

26 Fromm, E. (1994). *Escape from freedom*. Macmillan.

27 Bay, C. (1970). *The structure of freedom*. Stanford University Press.

28 Veenhoven, R. (2000). Freedom and happiness: A comparative study in forty-four nations in the early 1990s. In *Culture and subjective well-being*, (pp. 257–288). MIT Press.

29 Okulicz-Kozaryn, A. (2014). “Freedom from” and “freedom to” across countries. *Social Indicators Research*, 118(3), 1009–1029.

30 Maslow, A. H. (1943). A theory of human motivation. *Psychological Review*, 50(4), 370.

第1章

1 Godin, S. (2012). *Stop stealing dreams (What is school for?)*. Seth Godin.

2 Robinson, K., & Lee, J. R. (2011). *Out of our minds*. Tantor Media, Inc.

3 Robinson, K. (2006). *Do schools kill creativity*? TED Talk.

4 Zalta, E. N., Nodelman, U., Allen, C., & Anderson, R. L. (2005). *Stanford encyclopedia of philosophy*. Palo Alto CA: Stanford University.

5 Ryan, R. M., & Deci, E. L. (2019). Brick by brick: The origins, development, and future of self-determination theory. In *Advances in motivation science* (Vol. 6, pp. 111–156). Elsevier.

6 Fogg, B. J. (2009). Creating persuasive technologies: an eight-step design process. In *Proceedings of the 4th international conference on persuasive technology* (paper 44).

7 Al-Menayes, J. (2016). The fear of missing out scale: Validation of the Arabic version and correlation with social media addiction. *International Journal of Applied Psychology*, 6(2), 41-46.

8 Rhodes, L., Orlowski, J. (2020). *The social dilemma*. Netflix Original Documentary.

9 Ziglar, Zig. (2015). *Master successful personal habits: success legacy library*. Gildan Media.

10 Jan, M., Soomro, S., & Ahmad, N. (2017). Impact of social media on self-esteem. *European Scientific Journal*, 13(23), 329-341.

11 Vogel, E. A., Rose, J. P., Roberts, L. R., & Eckles, K. (2014). Social comparison, social media, and self-esteem. *Psychology of Popular Media Culture*, 3(4), 206.

12 Lin, L. Y., Sidani, J. E., Shensa, A., Radovic, A., Miller, E., Colditz, J. B., Hoffman, B. L., Giles, L. M., & Primack, B. A. (2016). Association between social media use and depression among US young adults. *Depression and Anxiety*, 33(4), 323–331.

13 Kim, M. H., Min, S., Ahn, J. S., An, C., & Lee, J. (2019). Association between high adolescent smartphone use and academic impairment, conflicts with family members or friends, and suicide attempts. *PloS One*, 14(7), e0219831.

14 McCoy, Sandi (2020). How to measure success. Instagram post. @Vsg_queendiet. Retrieved on May 24, 2021, at https://www.instagram.com/p/B-QMbNknkzu/

15 Baer, D. (2013). How Arianna Huffington networks without networking. *Fast Company*. Retrieved on June 3, 2021, at https://www.fastcompany.com/3018307/how-arianna-huffington-networks-without-networking

16 Jackson, D. (1999). I know I'm being successful when. *I Love Marketing*. Retrieved on April 15, 2021, at https://ilovemarketing.com/i-know-im-being-successful-when/

17 Gilbert, D. (2014). *The psychology of your future self*. TED talk.

18 Seneca, L. A. (2004). *On the shortness of life* (Vol. 1 of Penguin Great Idea series). Penguin UK.

19 Sivers, D. (2009). *No yes. Either HELL YEAH! or no.* Retrieved on June 3, 2021, at https://sive.rs/hellyeah

第三章

1 Carey, N. (2012). *The epigenetics revolution: How modern biology is rewriting our understanding of genetics, disease, and inheritance*. Columbia University Press.

2 Epel, E. S., & Lithgow, G. J. (2014). Stress biology and aging mechanisms: Toward understanding the deep connection between adaptation to stress and longevity. *Journals of Gerontology Series A: Biomedical Sciences and Medical Sciences, 69*(Suppl. 1), S10–S16.

3 Seligman, M. E. (2004). *Authentic happiness: Using the new positive psychology to realize your potential for lasting fulfillment*. Simon and Schuster.

4 Danner, D. D., Snowdon, D. A., & Friesen, W. V. (2001). Positive emotions in early life and longevity: Findings from the nun study. *Journal of Personality and Social Psychology*, 80(5), 804–813.

5 Gallup-Healthways Well-Being Index (2008). As referenced in: Associated Press. (June 18, 2008). Poll: Unhappy workers

take more sick days.

6 Cohen, S., Doyle, W. J., Turner, R. B., Alper, C. M., & Skoner, D. P. (2003). Emotional style and susceptibility to the common cold. *Psychosomatic Medicine*, 65(4), 652-657.

7 Bhadra, U. (2017). The human perception, cognition, and related epigenetics. *Gerontology & Geriatrics: Research*, 3(1), 1030.

8 Park, C. L., & Helgeson, V. S. (2006). Introduction to the special section: Growth following highly stressful life events—current status and future directions. *Journal of Consulting and Clinical Psychology, 74*, 791–796.

9 Moskalev, A., Aliper, A., Smit-McBride, Z., Buzdin, A., & Zhavoronkov, A. (2014). Genetics and epigenetics of aging and longevity. *Cell Cycle*, 13(7), 1063-1077.

10 Crum, A. J., & Langer, E. J. (2007). Mind-set matters: Exercise and the placebo effect. *Psychological Science*, 18(2), 165–171.

11 Crum, A. J., Corbin, W. R., Brownell, K. D., & Salovey, P. (2011). Mind over milkshakes: Mindsets, not just nutrients, determine ghrelin response. *Health Psychology*, 30(4), 424.

12 Baynes, K. C., Dhillo, W. S., & Bloom, S. R. (2006). Regulation of food intake by gastrointestinal hormones. *Current Opinion in Gastroenterology*, 22(6), 626–631.

13 Yamagishi, T., Horita, Y., Mifune, N., Hashimoto, H., Li, Y., Shinada, M., Miura, A., Inukai, K., Takagishi, H., & Simunovic, D. (2012). Rejection of unfair offers in the ultimatum game is no evidence of strong reciprocity. *Proceedings of the National Academy of Sciences*, 109(50), 20364-20368.

14 Pillutla, M. M., & Murnighan, J. K. (1996). Unfairness, anger, and spite: Emotional rejections of ultimatum offers. *Organiza tional Behavior and Human Decision Processes*, 68(3), 208-224.

15 Sanfey, A. G., Rilling, J. K., Aronson, J. A., Nystrom, L. E., Cohen, J. D. (2003). The neural basis of economic decision-making in the ultimatum game. *Science*, 300, 1755–1758.

16 Tabibnia, G., Satpute, A. B., & Lieberman, M. D. (2008). The sunny side of fairness: Preference for fairness activates

reward circuitry (and disregarding unfairness activates self-control circuitry). *Psychological Science*, 19(4), 339-347.

17 Robson, S. E., Repetto, L., Gountouna, V. E., & Nicodemus, K. K. (2020). A review of neuroeconomic gameplay in psychiatric disorders. *Molecular psychiatry*, 25(1), 67-81.

18 Kaltwasser, L., Hildebrandt, A., Wilhelm, C., & Sommer, W. (2016). Behavioral and neuronal determinants of negative reciprocity in the ultimatum game. *Social Cognitive and Affective Neuroscience*, 11(10), 1608-1617.

19 Park, G. (2021). The benefit of gratitude: Trait gratitude is associated with effective economic decision-making in the ultimatum game. *Frontiers in Psychology*, 12, 590132.

20 Koo, M., Algoe, S. B., Wilson, T. D., & Gilbert, D. T. (2008). It's a wonderful life: Mentally subtracting positive events improves people's affective states, contrary to their affective forecasts. *Journal of Personality and Social Psychology*, 95(5), 1217.

21 Capra, F., Stewart, J., & Liberty Films. (1946). It's a wonderful life. Liberty Films.

22 Koo, M., Algoe, S. B., Wilson, T. D., & Gilbert, D. T. (2008). It's a wonderful life: Mentally subtracting positive events improves people's affective states, contrary to their affective forecasts. *Journal of Personality and Social Psychology*, 95(5), 1217.

23 Ang, S. H., Lim, E. A. C., Leong, S. M., & Chen, Z. (2015). In pursuit of happiness: Effects of mental subtraction and alternative comparison. *Social Indicators Research*, 122(1), 87–103.

24 Park, A., Raposo, S., & Muise, A. (2020). Does imagining you never met a romantic partner boost relationship satisfaction and gratitude? A conceptual replication and extension of the effect of mentally subtracting a partner. *Journal of Social and Personal Relationships*, 0265407520969871.

25 Pausch, R. (2008). *The last lecture*. Hachette Books.

26 Gollwitzer, P. M., & Sheeran, P. (2006). Implementation intentions and goal achievement: A meta-analysis of effects and processes. *Advances in Experimental Social Psychology*, 38, 69–119.

27 van Koningsbruggen, G. M., Stroebe, W., Papies, E. K., & Aarts, H. (2011). Implementation intentions as goal primes: Boosting self-control in tempting environments. *European Journal of Social Psychology*, 41(5), 551–557.

28 Pignatiello, G. A., Martin, R. J., & Hickman, Jr., R. L. (2020). Decision fatigue: A conceptual analysis. *Journal of Health Psychology*, 25(1), 123–135.

29 Fogg, BJ (2020). *Tiny habits: The small changes that change everything.* Houghton Mifflin Harcourt.

第四章

1 Jobs, S. (2005). *Steve Jobs' commencement address on June 12, 2005.* Stanford University. Retrieved on May 27, 2021, at https://news.stanford.edu/2005/06/14/jobs-061505/

2 Snyder, C. R., Rand, K. L., & Sigmon, D. R. (2002). Hope theory: A member of the positive psychology family. In *Handbook of positive psychology*, (pp. 257–276). Oxford University Press.

3 Williams, J., & Dikes, C. (2015). The implications of demographic variables as related to burnout among a sample of special education teachers. *Education*, 135(3), 337–345.

4 Plash, S., & Piotrowski, C. (2006). Retention issues: A study of Alabama special education teachers. *Education*, 127(1), 125–128.

5 Mitchell, A., & Arnold, M. (2004). Behavior management skills as predictors of retention among South Texas special educators. *Journal of Instruction Psychology*, 31(3), 214–219.

6 Hale-Jinks, C., Knopf, H., & Kemple, K. (2006). Tackling teacher turnover in childcare: Understanding causes and consequences, identifying solutions. *Childhood Education*, 82(4), 219–226.

7 Mack, A. (2003). Inattentional blindness: Looking without seeing. *Current Directions in Psychological Science*, 12(5), 180–184.

8 Gilbert, D. (2014). *The psychology of your future self.* TED Talk.

9 Moors, A., & De Houwer, J. (2006). Automaticity: A theoretical and conceptual analysis. *Psychological Bulletin*, 132(2), 297.

10 Howell, W. S. (1982). *Conscious and competence: The empathic communicator*. University of Minnesota.

11 Getha-Taylor, H., Hummert, R., Nalbandian, J., & Silvia, C. (2013). Competency model design and assessment: Findings and future directions. *Journal of Public Affairs Education*, 19(1), 141–171.

12 Flower, J. (1999). In the mush. *Physician Executive*, 25(1), 64–66.

13 Slife, B. D. (1993). *Time and Psychological Explanation: The Spectacle of Spain's Tourist Boom and the Reinvention of Difference*. SUNY Press.

14 McDonald, H. E., & Hirt, E. R. (1997). When expectancy meets desire: Motivational effects in reconstructive memory. *Journal of Personality and Social Psychology*, 72(1), 5.

15 Patihis, L., Frenda, S. J., LePort, A. K., Petersen, N., Nichols, R. M., Stark, C. E., McGaugh, J. L., & Loftus, E. F. (2013). False memories in highly superior autobiographical memory individuals. *Proceedings of the National Academy of Sciences*, 110(52), 20947- 20952.

16 Salvaggio, M. (2018). The justification of reconstructive and reproductive memory beliefs. *Philosophical Studies*, 175(3), 649-663.

17 Gilbert, D. (2014). *The psychology of your future self.* TED Talk.

18 Quoidbach, J., Gilbert, D. T., & Wilson, T. D. (2013). The end of history illusion. *Science*, 339(6115), 96-98.

19 Waitzkin, J. (2007). *The art of learning: A journey in the pursuit of excellence*. Simon and Schuster.

20 Grant, A. (2021). *Think again: The power of knowing what you don't know*. Penguin.

21 Grant, A. (2020). *Taken for granted: Daniel Kahneman doesn't trust your intuition. WorkLife with Adam Grant*. Apple Podcasts. Retrieved on May 27, 2021, at https://podcasts.apple.com/us/podcast/taken-for-granted-daniel-kahneman-doesnt-trust-your/id1346314086?i=1000513174086

22 Kahneman, D. (2011). *Thinking, fast and slow*. Macmillan.

第五章

1 Holz, J., Piosczyk, H., Landmann, N., Feige, B., Spiegelhalder, K., Riemann, D., Nissen, C., & Voderholzer, U. (2012). The timing of learning before night-time sleep differentially affects declarative and procedural long-term memory consolidation in adolescents. *PLoS One*, 7(7), e40963.

2 Bunyalug, M., & Kanchanakhan, N. (2017). Effect of using smartphone before bed on sleep quality among undergraduate students at cChulalongkorn University, *Thailand. Journal of Health Research, 31*(Suppl. 2), S225-231.

3 Deloitte. (2017). *2017 Global Mobile Consumer Survey: US edition: The dawn of the next era in mobile*. Retrieved on May 28, 2021, at https://www2.deloitte.com/content/dam/Deloitte/us/Documents/technology-media-telecommunications/us-tmt-2017-global-mobile-consumer-survey-executive-summary.pdf

4 Randjelović, P., Stojiljković, N., Radulović, N., Ilić, I., Stojanović, N., & Ilić, S. (2019). The association of smartphone usage with subjective sleep quality and daytime sleepiness among medical students. *Biological Rhythm Research*, 50(6), 857-865.

5 Min, J. K., Doryab, A., Wiese, J., Amini, S., Zimmerman, J., & Hong, J. I. (2014, April). Toss'n'turn: Smartphone as sleep and sleep quality detector. In *Proceedings of the SIGCHI conference on human factors in computing systems* (pp. 477–486).

6 Bunyalug, M., & Kanchanakhan, N. (2017). Effect of using smartphone before bed on sleep quality among undergraduate students at Chulalongkorn University, Thailand. *Journal of Health Research, 31*(Suppl. 2), S225-231.

7 Zhang, M. X., & Wu, A. M. (2020). Effects of smartphone addiction on sleep quality among Chinese university students: The mediating role of self-regulation and bedtime procrastination. *Addictive Behaviors*, 111, 106552.

8 McAdams, D. P., & McLean, K. C. (2013). Narrative identity. *Current Directions in Psychological Science*, 22(3), 233–238.

9 Hardy, B. (2020). Take ownership of your future self. *Harvard Business Review*. Retrieved on May 27, 2021, at https://hbr.org/2020/08/take-ownership-of-your-future-self

10 Bodner, R., & Prelec, D. (2003). Self-signaling and diagnostic utility in everyday decision making. *The Psychology of Economic Decisions*, 1(105), 26.

11 Ferriss, T. (2019). Josh Waitzkin on how to structure your day for peak performance. *The Tim Ferriss Show.* YouTube: Tim Ferriss. Retrieved on May 27, 2021, at https://www.youtube.com/watch?v=FEOjCUkjG0k

12 Ritter, S. M., Strick, M., Bos, M. W., Van Baaren, R. B., & Dijksterhuis, A. P. (2012). Good morning creativity: Task reactivation during sleep enhances beneficial effect of sleep on creative performance. *Journal of Sleep Research*, 21(6), 643–647.

13 Shannon, B. J., Dosenbach, R. A., Su, Y., Vlassenko, A. G., Larson- Prior, L. J., Nolan, T. S., Snyder, A. Z., & Raichle, M. E. (2013). Morning-evening variation in human brain metabolism and memory circuits. *Journal of Neurophysiology*, 109(5), 1444–1456.

14 Cameron, J. (2016). *The artist's way: A spiritual path to higher creativity.* Penguin.

15 Cai, D. J., Mednick, S. A., Harrison, E. M., Kanady, J. C., & Mednick, S. C. (2009). REM, not incubation, improves creativity by priming associative networks. *Proceedings of the National Academy of Sciences*, 106(25), 10130-10134.

16 Rohn, J. (1994). *The art of exceptional living.* Nightingale-Conant/ Simon & Schuster Audio.

17 Seligman, M. E., Steen, T. A., Park, N., & Peterson, C. (2005). Positive psychology progress: Empirical validation of interventions. *American Psychologist*, 60(5), 410.

18 Wood, A. M., Joseph, S., Lloyd, J., & Atkins, S. (2009). Gratitude influences sleep through the mechanism of pre-sleep cognitions. *Journal of Psychosomatic Research*, 66(1), 43–48.

19 Jackowska, M., Brown, J., Ronaldson, A., & Steptoe, A. (2016). The impact of a brief gratitude intervention on subjective well- being, biology and sleep. *Journal of Health Psychology*, 21(10), 2207–2217.

20 Sitzmann, T., & Yeo, G. (2013). A meta-analytic investigation of the within-person self-efficacy domain: Is self-efficacy a product of past performance or a driver of future performance? *Personnel Psychology*, 66(3), 531–568.

21 Fogg, BJ (2020). *Tiny habits: The small changes that change everything.* Houghton Mifflin Harcourt.

22 Koch, R. (2011). *The 80/20 principle: The secret of achieving more with less: Updated 20th anniversary edition of the productivity and business classic.* Hachette UK.

23 Koch, R. (2005). *The 80/20 individual: How to build on the 20% of what you do best*. Currency.

24 Collins, J. (2001). *Good to great: Why some companies make the leap and others don't*. HarperBusiness.

25 Sullivan, D. (2013). *How to build confidence every day*. YouTube: Strategic Coach. Retrieved on May 27, 2021, at https://www.youtube.com/watch?v=T4XWv-gP6dE&t=9s

26 Muire, Madison. (2020). Alarming habits: We surveyed 2,000 Americans to examine some of their habits when it comes to alarms and waking up in the morning. OnePoll study with Mattress Nerd. Retrieved on May 29, 2021, at https://www.mattressnerd.com/alarming-habits/

27 Fogg, BJ (2020). *Tiny habits: The small changes that change everything*. Houghton Mifflin Harcourt.

28 Fogg, B. J. (2019). *Fogg's behavior model*. Behavior Design Lab, Stanford University. Stanford, CA, USA, Tech. Rep. BehavioralModel.org

29 Ross, L., & Nisbett, R. E. (2011). *The person and the situation: Perspectives of social psychology*. Pinter & Martin Publishers.

30 Pignatiello, G. A., Martin, R. J., & Hickman, Jr., R. L. (2020). Decision fatigue: A conceptual analysis. *Journal of Health Psychology*, 25(1), 123-135.

31 Schwartz, B. (2004). *The paradox of choice: Why more is less*. New York: Ecco.

32 Johnston, W. A., & Dark, V. J. (1986). Selective attention. *Annual Review of Psychology*, 37(1), 43-75.

33 Itthipuripat, S., Cha, K., Byers, A., & Serences, J. T. (2017). Two different mechanisms support selective attention at different phases of training. *PLoS Biology*, 15(6), e2001724.

34 James, William. (1890). The principles of psychology. Classics in the History of Psychology website by C. D. Green. https://psychclassics.yorku.ca/James/Principles/

35 Ravikant, N. (2016). Naval Ravikant on happiness hacks and the 5 chimps theory (#136). *The Tim Ferriss Show*. Retrieved on March 29, 2021, at https://tim.blog/naval-ravikant-on-the-tim-ferriss-show-transcript/

36 Craig, L. (2016). Bad timing: Balancing work and family in the 24/7 economy. The University of New South Wales. Arts and Sciences. Retrieved on June 3, 2021, at https://www.youtube.com/watch?v=zG4bWDuhHbc

37 Cialdini, R. B., Trost, M. R., & Newsom, J. T. (1995). Preference for consistency: The development of a valid measure and the discovery of surprising behavioral implications. *Journal of Personality and Social Psychology*, 69(2), 318.

第六章

1 Strauss, Valerie. (2018). Stephen Hawking famously said, "Intelligence is the ability to adapt to change." But did he really say it? *Washington Post*. Retrieved on May 30, 2021, at https://www.washingtonpost.com/news/answer-sheet/wp/2018/03/29/stephen-hawking-famously-said-intelligence-is-the-ability-to-adapt-to-change-but-did-he-really-say-it/

2 Katie, B. (2002). *Loving what is: Four questions that can change your life*. Crown Archetype.

3 Sullivan, D. (2019). *Always be the buyer: Attracting other people's highest commitment to your biggest and best standards*. The Strategic Coach Inc.

4 Bond, F. W., Hayes, S. C., & Barnes-Holmes, D. (2006). Psychological flexibility, ACT, and organizational behavior. *Journal of Organizational Behavior Management*, 26(1-2), 25-54.

5 Ciarrochi, J., Bilich, L., & Godsell, C. (2010). Psychological flexibility as a mechanism of change in acceptance and commitment therapy. In *Assessing mindfulness and acceptance processes in clients: Illuminating the theory and practice of change* (pp. 51–75). Context Press.

6 Kashdan, T. B., & Rottenberg, J. (2010). Psychological flexibility as a fundamental aspect of health. *Clinical Psychology Review*, 30(7), 865-878.

7 McCracken, L. M., & Morley, S. (2014). The psychological flexibility model: A basis for integration and progress in psychological approaches to chronic pain management. *The Journal of Pain*, 15(3), 221-234.

8 Boykin, D. M., Anyanwu, J., Calvin, K., & Orcutt, H. K. (2020). The moderating effect of psychological flexibility on event centrality in determining trauma outcomes. *Psychological Trauma: Theory, Research, Practice, and Policy*, 12(2), 193.

9 Banayan, A. (2018). *The third door: The wild quest to uncover how the world's most successful people launched their careers*. Currency.

10 Tong, E. M., Fredrickson, B. L., Chang, W., & Lim, Z. X. (2010). Re-examining hope: The roles of agency thinking and pathways thinking. *Cognition and Emotion*, 24(7), 1207–1215.

11 Snyder, C. R., LaPointe, A. B., Jeffrey Crowson, J., & Early, S. (1998). Preferences of high-and low-hope people for self-referential input. *Cognition & Emotion*, 12(6), 807–823.

12 Chang, E. C. (1998). Hope, problem-solving ability, and coping in a college student population: Some implications for theory and practice. *Journal of Clinical Psychology*, 54(7), 953–962.

13 Snyder, C. R., Shorey, H. S., Cheavens, J., Pulvers, K. M., Adams III, V. H., & Wiklund, C. (2002). Hope and academic success in college. *Journal of Educational Psychology*, 94(4), 820.

14 Law, C. & Lacey, M. Y. (2019). How entrepreneurs create high-hope environments. *Graziadio Business Report*, 22(1), 1–18.

15 Raphiphatthana, B., & Jose, P. (2021). High hope and low rumination are antecedents of grit. In *Multidisciplinary perspectives on grit: Contemporary theories, assessments, applications and critiques* (pp. 173–191). Springer International.

16 Johnson, Spencer. (2009). *Peaks and valleys: Making good and bad times work for you—at work and in life*. Atria Books.

17 Norton, R. (2013). *The power of starting something stupid: How to crush fear, make dreams happen and live without regret*. Shadow Mountain.

18 Orwell, George. (1949). *1984*. Secker & Warburg.

19 Palahniuk, C. (2000). *Invisible monsters*. Random House.

20 Sullivan, D. (2019). *Always be the buyer: Attracting other people's highest commitment to your biggest and best standards*. The Strategic Coach Inc.

21 Sill, S. (1971). *Great experiences*. The Church of Jesus Christ of Latter-Day Saints. Retrieved on June 3, 2021, at https://churchofjesuschrist.org/study/general-conference/1971/04/great-experiences

22 Janoff-Bulman, R. (1992). *Shattered assumptions: Towards a new psychology of trauma*. New York, NY: Free Press

23 Simmen-Janevska, K., Brandstätter, V., & Maercker, A. (2012). The overlooked relationship between motivational abilities and posttraumatic stress: A review. *European Journal of Psychotraumatology*, 3(1), 18560.

24 Livingston, G. (2009). *Too soon old, Too late smart: Thirty true things you need to know now*. Da Capo Lifelong Books.

25 Harmon-Jones, E., Harmon-Jones, C., & Price, T. F. (2013). What is approach motivation? *Emotion Review*, 5(3), 291-295.

26 Jang, H., and Kim, J. (2017). A meta-analysis on relationship between post-traumatic growth and related variables. *Korean Journal of Counseling*. 18, 85–105.

27 Johnson, K. J., & Fredrickson, B. L. (2005). "We all look the same to me:" Positive emotions eliminate the own-race bias in face recognition. *Psychological Science*, 16(11), 875–881.

28 Yang, S. K., & Ha, Y. (2019). Predicting posttraumatic growth among firefighters: The role of deliberate rumination and problem-focused coping. *International Journal of Environmental Research and Public Health*, 16(20), 3879.

29 Tedeschi, R. G., & Calhoun, L. G. (2004). Posttraumatic growth: Conceptual foundations and empirical evidence. *Psychological Inquiry*, 15(1), 1–18.

30 Calhoun, L. G., & Tedeschi, R. G. (2006). The foundation of posttraumatic growth: An expanded framework. In *Handbook of Posttraumatic Growth: Research and Practice* (pp. 18–64). Lawrence Erlbaum Associates.

31 Triplett, K. N., Tedeschi, R. G., Cann, A., Calhoun, L. G., & Reeve, C. L. (2012). Posttraumatic growth, meaning in life, and life satisfaction in response to trauma. *Psychological Trauma: Theory, Research, Practice, and Policy*, 4(4), 400–410.

32 American Psychological Association (2003). "Journaling": Open up! Writing about trauma reduces stress, aids immunity. American Psychological Association. Retrieved on March 2, 2021, at https://www.apa.org/research/action/writing

33 Zhou, X., & Wu, X. (2015). Longitudinal relationships between gratitude, deliberate rumination, and posttraumatic growth in adolescents following the Wenchuan earthquake in China. *Scandinavian Journal of Psychology*, 56(5), 567–572.

34 Kim, E., & Bae, S. (2019). Gratitude moderates the mediating effect of deliberate rumination on the relationship between intrusive rumination and post-traumatic growth. *Frontiers in Psychology*, 10, 2665.

35 Taleb, N. N. (2012). *Antifragile: Things that gain from disorder*. Random House Incorporated.

結語

1 Sparacino, B. (2020). One day you're going to look back and realize just how far you have come. *Thought Catalog*. Retrieved June 4, 2021, at https://thoughtcatalog.com/bianca-sparacino/2016/09/one-day-youre-going-to-look-back-and-realize-just-how-far-you-have-come/

2 Sullivan, D. (2019). *Always be the buyer: Attracting other people's highest commitment to your biggest and best standards*. The Strategic Coach Inc.

參考文獻

請掃QR code線上查閱。

收穫心態：

跳脫滿分思維，當下的成功和幸福，由你決定

THE GAP AND THE GAIN: The High Achievers' Guide to Happiness, Confidence, and Success

作者	丹．蘇利文 Dan Sullivan 班傑明．哈迪博士 Dr. Benjamin Hardy
譯者	吳宜蓁
商周集團執行長	郭奕伶
商業周刊出版部	
總監	林雲
責任編輯	潘玫均
封面設計	林芷伊
內文排版	点泛視覺設計工作室
出版發行	城邦文化事業股份有限公司 商業周刊
地址	104 台北市中山區民生東路二段 141 號 4 樓 電話：(02)2505-6789　傳真：(02)2503-6399
讀者服務專線	(02)2510-8888
商周集團網站服務信箱	mailbox@bwnet.com.tw
劃撥帳號	50003033
戶名	英屬蓋曼群島商家庭傳媒股份有限公司城邦分公司
網站	www.businessweekly.com.tw
香港發行所	城邦（香港）出版集團有限公司 香港灣仔駱克道 193 號東超商業中心 1 樓 電話：(852) 2508-6231　傳真：(852) 2578-9337 E-mail：hkcite@biznetvigator.com
製版印刷	中原造像股份有限公司
總經銷	聯合發行股份有限公司電話：(02) 2917-8022
初版 1 刷	2023 年 5 月
初版 2.5 刷	2023 年 7 月
定價	380 元
ISBN	978-626-7252-49-9（平裝）
EISBN	9786267252543 (EPUB) ／ 9786267252536 (PDF)

國家圖書館出版品預行編目(CIP)資料

收穫心態：跳脫滿分思維，當下的成功和幸福，由你決定/丹.蘇利文(Dan Sullivan), 班傑明.哈迪(Benjamin Hardy)著；吳宜蓁譯. -- 初版. -- 臺北市：城邦文化事業股份有限公司商業周刊, 2023.05

面；　公分

譯自 : The gap and the gain : the high achievers' guide to happiness, confidence, and success.

ISBN 978-626-7252-49-9(平裝)

1.CST: 成功法 2.CST: 成就動機

177.2　　112004310

藍學堂

學習・奇趣・輕鬆讀